KB200028

자기 십자가를 지고 예수 그리스도를 따른다는 것은 무엇을 의미하는가? 어떻게 그분의 나라를 바라보면서도 지금 내가 발을 딛고 선 이 땅에 많은 유익을 끼칠 수 있는가? 이 책은 칼뱅의 고전 《기독교 강요》에서 일부 내용을 발췌한 것으로, 이 두 가지 질문 외에도 더 많은 실질적인 질문을 다룬다. 나는 이 작은 책을 사랑한다. 현대를 살아가는 독자들이 이해하기 쉽게 번역하고 편집한 이 책을 강력히 추천한다.

조엘 R. 비크
미시건주 퓨리탄리폼드신학교(Puritan Reformed Theological Seminary) 총장

지금 우리는 기독교 출판의 황금기에 살고 있다. 21세기에 쓰인 새로운 책들이 독자들에게 도움을 주고 있지만 오래된 고전도 그에 못지않게, 아니 오히려 더 큰 도움을 줄 수 있다. 이 소책자는 그런 고전 가운데 하나다. 오늘날의 신자들이 이 고전을 재발견하도록 수고해 준 에어런 덴링거와 버크 파슨스에게 진심으로 감사한다. 믿음의 선조들처럼 우리도 이 책에서 많은 유익을 얻기를 간절히 소망한다.

팀 챌리스
《한눈으로 보는 비주얼 성경 읽기》 공저자

나는 21세기 독자들을 위해 장 칼뱅의 《기독교 강요》 3권 6-10장의 보석 같은 내용을 다시 번역하고 싶다는 생각을 수없이 했지만 단 한 줄도 실천으로 옮기지 못했다. 그런데 감사하게도 버크 파슨스와 에어런 덴링거가 우리 모두를 대신해 이 일을 해냈다. 모든 그리스도인이 이해하고 되새겨야 할 이 메시지를 보다 쉽게 읽을 수 있도록 번역해 준 그들에게 고개 숙여 감사한다.

싱클레어 퍼거슨
《성숙의 길》 저자

칼뱅이 쓴 부드럽고도 유쾌한 라틴어 책이 그에 못지않게 부드럽고 유쾌한 번역본으로 새롭게 탄생했다. 실로 놀라운 성과가 아닐 수 없다. 덕분에 이 보물 같은 책에 담긴 만고불변의 메시지를 훨씬 더 많은 사람이 받아들일 수 있게 되었다.

허먼 J. 셸더하위스

네덜란드 아펠도른신학교(Theological University Apeldoorn) 교회사 교수

《기독교 강요》 3권에서 칼뱅이 그리스도인의 삶을 다룬 내용은 기독교 전체의 보물이다. 칼뱅이 예수 그리스도와 연합한 가운데 자기를 부인하고 십자가를 지는 그리스도인의 삶을 더없이 분명하게 기술해 준 덕분에 500년 넘게 수많은 신자가 큰 도움을 받았다. 지금까지도 그리스도를 닮는 삶에 관한 칼뱅의 역작이 여러 번역본으로 탄생했지만, 리포메이션트러스트출판사(Reformation Trust Publishing)의 이 새로운 번역본은 전에 없는 완성도를 갖추고 있다.

코넬리스 P. 베네마

미드아메리카리폼드신학교(Mid-America Reformed Seminary) 총장

그리스도인을 살다

A LITTLE BOOK ON THE CHRISTIAN LIFE

A LITTLE BOOK ON THE CHRISTIAN LIFE

Copyright © 2017 by Aaron Clay Denlinger and Burk Parsons

Originally Published by Reformation Trust publishing (a division of Ligonier Ministries) under the title *A Little Book on the Christian Life*. Translated by permission. All rights reserved.

This Korean translation edition © 2021 by Duranno Ministry, Seoul, Republic of Korea
Published by arrangement with Ligonier Ministries. Ligonier.org

이 책의 한국어판 저작권은 Ligonier Ministries와 독점 계약한 두란노서원에 있습니다.
저작권법에 의하여 한국 내에서 보호받는 저작물이므로 무단 전재와 무단 복제를 금합니다.

그리스도인을 살다

지은이 | 장 칼뱅
옮긴이 | 정성묵
초판 발행 | 2021. 4. 21.
3쇄 발행 | 2024. 12. 31.
등록번호 | 제1988-000080호
등록된 곳 | 서울시 용산구 서빙고로65길 38
발행처 | 사단법인 두란노서원
영업부 | 02)2078-3333 FAX | 080-749-3705
출판부 | 02)2078-3330

책값은 뒤표지에 있습니다.
ISBN 978-89-531-3980-0 03230

독자의 의견을 기다립니다.
tpress@duranno.com   www.duranno.com

두란노서원은 바울 사도가 3차 전도 여행 때 에베소에서 성령 받은 제자들을 따로 세워 하나님의 말씀으로 양육하던 장소입니다. 사도행전 19장 8-20절의 정신에 따라 첫째 목회자를 돕는 사역과 평신도를 훈련시키는 사역, 둘째 세계선교™와 문서선교 단행본·잡지 사역, 셋째 예수문화 및 경배와 찬양 사역, 그리고 가정·상담 사역 등을 감당하고 있습니다. 1980년 12월 22일에 창립된 두란노서원은 주님 오실 때까지 이 사역들을 계속할 것입니다.

장 칼뱅의 《기독교 강요》에서 길어 낸
참신앙의 기초

그리스도인을
살다

장 칼뱅 지음
정성묵 옮김

A LITTLE BOOK
ON THE CHRISTIAN LIFE

두란노

오, 주님,
제 마음을 당신께 드리나이다.
지체 없이, 진심으로.

장 칼뱅

하나님이 성경을 통해
정해 주신 것들 가운데
무엇을 추구하고
무엇을 추구하지 않을지를 놓고
그분과 협상하는 것은 옳지 않다.

-

올바른 삶의 영적 기초는
마음 깊은 곳이 진정으로 하나님께 향함으로써
거룩함과 의로 나아가는 것이다.

1

당신을 향한 성경의 초대,
'그리스도인의 삶'에 관하여

우리 안에서 역사하시는 하나님의 목표는 우리 삶이 그분의 의로우심을 닮아 가서 '그분께 입양된 자녀'라는 우리의 정체성이 우리 자신과 사람들에게 드러나는 것이다. 우리가 점차 닮아 가야 할 하나님의 형상은 그분의 법 안에서 발견할 수 있다.

그런데 우리는 게으르기에 지속적인 촉구와 권고가 필요하다. 그런 의미에서 이 책에서 여러 성경 구절을 바탕으로 성숙한 그리스도인의 삶을 위한 모델을 정립하면, 진정으로 회개한 이들이 하나님의 형상을 더욱 닮아 가는 여정에서 길을 잃지 않는 데 도움이 되리라 생각한다.

성숙한 그리스도인의 삶이 방대하고 복잡한 주제라는 것을 잘 안다. 이 주제에 관해서 다른 사람들이 쓴 내용을 요약하기만 하려고 해도 실로 방대한 분량의 책이 탄생할 것이 분명하다. 실제로 이전 세대 신학자들은 개인적 덕목들에 관해 아주 방대한 분량의 책들을 썼다. 그들이 단어 하나조차 허투루 사용하지 않았는데도 그런 결과물이 탄생했다. 주제가 워낙 중요해서 하나의 덕목을 두고 기술하고 권고하려고 해도 펜이 저절로 끝없이 써 내려가기 때문이다. 실제로 어떤 특정한 덕목이든 제대로 기술하려면 방대한 분량을 쓸 수밖에 없다.

하지만 이 책에서 내 의도는 너무 많은 말을 하거나 모든 덕에 관해 너무 상세히 논하는 것이 아니다. 장황한 권고를 할 생각도 없다. 그런 권고는 이전 사람들의 저작, 특히 교부들의 설교를 보는 것만으로도 충분하다고 생각한다. 여기서 내 목표는 단지 경건한 사람들에게 경건한 삶의 모델을 제시하는 것이다. 다시 말해, 그리스도인들이 자신의 의무를 다하도록 이끌어 줄 어떤 보편적인 원칙을 제시하고자 한다.

혹시 나중에 그리스도인의 덕목이라는 주제를 더 자세히 다룰 시간이 날지도 모르겠다. 하지만 이 일은 다른 사람들에게 더 맞지 않을까 싶기도 하다. 나는 천성적으로 간결함을 좋아하기 때문이다. 그래서 더 길게 쓰려고 해도 분명 실패했을 것이다. 어쨌든 내가 이 책을 쓴 목적은 교리를 단순하고 간결하게 전달하는 것이다. 그래서 설령 그리스도인의 삶이라는 주제에 관해 길게 쓰는 것이 가치 있는 일이라 해도 그런 시도를 하기가 망설여졌다.

철학자들은 덕 있는 삶에 관한 글을 쓸 때 정직과 명예 같은 특정한 덕목들을 규명한 뒤에 거기서부터 특정한 의무들과 다른 덕목들을 도출해 낸다. 하지만 성경은 그 어떤 철학적 방법보다도 아름답고 확실한 방법과 계획을 갖고 있다. 많은 철학자들은 자신들이 관심받고자 명료함을 추구한다. 명료하면 자신의 수사 기술을 뽐낼 수 있기 때문이다. 하지만 하나님의 영의 가르침에는 그런 의도가 눈곱만큼도 없다. 그래서 성령은 철학자들의 방식을 따르시지 않았다. 그럼에도 성령은 우리가 명료함을 경멸하지 않도록 진리를 충분히 분명하게 밝혀 주셨다. ◢

그리스도인의 삶에 관한 성경의 가르침은 크게 두 부분으로 이루어진다. 첫 번째 부분은, 우리의 자연적인 성향과 상반된 의에 대한 사랑을 마음에 새겨야 한다는 것이다. 두 번째 부분은, 의를 추구하는 내내 길을 잃지 않도록 해 주는 일종의 모델이 필요하다는 것이다. 성경에는 의의 길을 권장하는 논증이 많이 실려 있다. 내가 쓴 다른 책에서 이런 논증을 많이 소개했고* 여기서도 적잖이 소개할 생각이다.

일단, 성경에서 의를 권장하는 근거로 하나님이 거룩하시니 우리도 거룩해야 한다는 것보다 더 좋은 근거는 없다. 게다가 우리가 양처럼 흩어져 세상 미로 속에서 헤맬 때 하나님은 우리를 찾아 그분께로 모아 주셨다. 우리와 하나님 사이의 이 관계를 곰곰이 생각하면서 거룩함이 우리와 하나님을 연합시켜 주는 끈이라는 점을 기억하자.

물론 우리가 우리의 거룩함을 통해 하나님과 관계를 맺는 것은 아니다. 먼저 우리가 하나님께 꼭 붙어 있으면 그분의 거룩함을 받아 어디든 그분이 부르시는 곳으로 가게 된다. 죄와 더러운 것에 일절 연루되지 않는 것이 하나님 영광의 특징이다. 이 거룩함이 하나님이 우리를 부르신 목적이다. 따라서 하나님의 부르심에 올바로 반응하려면 늘 거룩함을 바라보아야 한다. 하나님이 악하고 오염된 세상 속에서 뒹구는 우리를 그 진흙탕에서 불러 주신 것은 바로 거룩함을 위해서다.

그뿐만 아니라 성경은 스스로를 하나님의 백성으로 여기는 자라면 그분이 택하신 거룩한 도성 예루살렘의 시민으로서 살아가야 한다고 말한다.

우리가 여기에는 영구한 도성이 없으므로
장차 올 것을 찾나니.

(히브리서 13장 14절)

거룩한 도성의 시민이 자신의 더러움으로 그 성을 오염시키는 것은 부끄러운 일이다. 성경은 하나님의 장막에는 흠 없이 살며 의를 추구하는 자들을 위한 거처가 있을 것이라고 말한다. 하나님이 거하

시는 거룩한 곳이 지저분한 가축우리처럼 되는 것
은 있을 수 없는 일이다. ◢

＝＝＝

　　의를 향한 우리의 발걸음을 더욱 재촉하기 위해
성경은 기름부음을 받은 자, 예수 그리스도 안에서
우리와 화해하신 아버지 하나님이 그리스도를 우리
삶의 모델로 주셨다고 말한다.

　　많은 사람들이 철학자들에게서만 올바른 도덕 철
학을 찾을 수 있다고 생각하지만, 철학자들에게서는
더 좋은 모델을 발견할 수 없다. 철학자들이 우리를
선으로 이끌기 위해 최선을 다하긴 하지만 그저 '자
연의 섭리에 따라' 살라는 말밖에 해 주지 못한다.

　　하지만 성경은 참된 원천을 바탕으로 우리를 격
려한다. 성경은 우리가 연합되어 있는 우리의 창조
주이신 하나님과의 관계 속에서 우리 삶을 바라보라
고 가르친다. 성경은 우리가 참된 상태 즉 본래 창조
된 상태에서 벗어나 타락했지만 그리스도를 통해 하

나님과 다시 화목하게 되었으며, 이제 그 예수님이 우리의 모델이시고 우리 삶에서 그분의 모습과 아름다움이 나타나야 한다고 가르친다.

이보다 더 효과적인 격려가 있을까? 우리는 우리의 입양을 가능하게 하신 그리스도를 우리 삶에서 닮아 가야 한다는 이 사실을 분명히 알고서 하나님의 자녀로 입양되었다. 그러니 참으로 우리가 의에 헌신하지 않는다면, 아니 중독되지 않는다면 배은망덕하게 우리의 창조주를 버리고 우리의 구주이신 그분과 의절하는 셈이다.

성경은 그 안에 기록된 하나님의 모든 선물과 우리 구원의 모든 측면에서 행동 원칙을 도출한다. 하나님은 우리의 아버지로서 자신을 드러내셨다. 그런데 우리가 그분의 아들다운 모습을 보이지 않는다면 그야말로 배은망덕한 것이다(말 1:6; 요일 3:1).

> 그러므로 사랑을 받는 자녀같이 너희는 하나님을
> 본받는 자가 되고.
>
> (에베소서 5장 1절)

18

그리스도는 자신의 피로 우리를 씻어 주셨고 세례를 통해 이러한 정화를 선포하셨다.** 따라서 우리가 다시 나쁜 행동으로 스스로를 더럽히는 것은 옳지 않다(고전 6:11; 엡 5:26; 히 10:10; 벧전 1:15, 19). 그리스도는 우리를 자신의 몸에 접붙여 주셨다. 따라서 그분의 지체인 우리는 그리스도의 몸에 진흙 같은 더러운 것들을 던지지 않도록 각별히 조심해야 한다(요 15:3-6; 고전 6:15; 엡 5:23-33). 우리의 머리이신 그리스도는 하늘로 오르셨다. 따라서 우리도 세상적인 욕심을 내려놓고 온 마음을 다해 하늘을 갈망해야 한다(골 3:1 및 이하 구절).

성령은 우리를 하나님의 전으로 성별(聖別)하셨다. 따라서 우리를 통해 하나님의 영광이 빛나게 해야 하며, 죄로 자신을 더럽히지 말아야 한다. 우리의 몸과 영혼은 부패하지 않는 하늘과 시들지 않는 면류관을 얻을 운명이다. 따라서 우리는 위를 향해 분투해야 한다. 다시 말해, 그리스도의 날까지 우리 자신을 부패하지 않은 상태로 순결하게 유지해야 한다(살전 5:23). 이런 것이야말로 그리스도인의 삶에서 가

장 거룩한 기초들이다. 이런 것은 철학에서 찾을 수
없다. 철학자들은 기껏해야 육에 속한 사람이 이룰
수 있는 덕목들을 권장할 뿐이다. ◢

———

그리스도인으로 불리기를 원하지만 명칭과 겉모
습 말고는 그리스도의 그 무엇도 갖추지 못한 사람
들에 관해서 한마디 해야겠다. 그들은 그리스도의
거룩한 이름을 교만하게 자랑한다. 하지만 복음의
말씀으로 그리스도를 진정으로 알게 된 사람들만 그
분과 관계를 맺게 된다. 그런데 사도 바울은 그리스
도가 누구신지 제대로 배운 사람이 '유혹의 욕심으로
부패된 옛 사람을 벗고 그리스도를 입어야 한다'는
사실을 배우지 못할 수는 없다고 가르친다.

오직 너희는 그리스도를 그같이 배우지
아니하였느니라 진리가 예수 안에 있는 것같이
너희가 참으로 그에게서 듣고 또한 그 안에서

가르침을 받았을진대 너희는 유혹의 욕심을 따라 썩어져 가는 구습을 따르는 옛 사람을 벗어 버리고 오직 너희의 심령이 새롭게 되어 하나님을 따라 의와 진리의 거룩함으로 지으심을 받은 새사람을 입으라.

(에베소서 4장 20-24절)

이와 같은 명목상 그리스도인들이 복음에 관해 아무리 유창하고 시끄럽게 떠들어도 그리스도에 관한 그들의 지식은 거짓되고 오히려 불쾌해 보일 뿐이다. 참된 교리는 혀의 문제가 아니라 삶의 문제이기 때문이다. 일반 학문 영역과 달리 기독교 교리는 머리와 기억력으로만 습득하는 것이 아니다. 교리가 우리 영혼 전체를 사로잡고 마음 가장 깊은 곳에 자리를 잡아야 그것을 올바로 받아들였다고 말할 수 있다.

명목상의 그리스도인들이 거짓말을 그치게 하라. 아니면 스승이신 그리스도의 제자라고 불릴 만한 삶을 살라고 말하라.

우리는 우리 종교를 담고 있는 교리를 우선시했
다. 그것은 교리가 우리의 구원관을 정립해 주기 때
문이다. 하지만 교리가 삶에서 열매를 맺으려면 마
음속으로 파고들고 일상에 넘쳐흘러 내면에서부터
우리를 진정으로 변화시켜야 한다. 심지어 철학자들
도 자신의 철학을 지지한다고 말만 하고 그 철학대
로 살지는 않는 위선적인 사람들에게 분노하고 그들
을 거부한다. 그렇다면 복음을 입으로만 외치는 사
람들은 얼마나 더 경멸해야 마땅한가. 복음의 힘이
마음 가장 깊은 곳까지 파고들어 영혼 속에 자리를
잡아, 철학자들의 생명력 없는 가르침보다 백배 이
상 큰 영향을 전인적으로 미쳐야 한다. ◢

그리스도인의 행동이 오로지 순전한 복음만을 드
러내야 한다는 말은 아니다. 물론 그것을 바라고 추
구해야 하지만 여기서 나는 완벽에 대해 이야기하는
것이 아니다. 완벽에 이르지 못한 사람은 그리스도

인으로 인정할 수 없다고 말하는 것이 아니다. 그런 식으로라면 모든 사람이 교회에서 배제되어야 마땅하다. 완벽에 근접한 사람조차 아무도 없을 테니 말이다. 오히려 교회에는 거의 진전을 보이지 못한 사람이 많다. 그렇다고 해서 그들을 그리스도인이 아니라고 단정 짓는 것은 부당하다.

내가 하려는 말은 이것이다. 목표에 시선을 고정하자. 우리가 추구해야 하는 목표를 처음부터 확실하게 정립하자. 하나님이 성경을 통해 정해 주신 것들 가운데 무엇을 추구하고 무엇을 추구하지 않을지를 놓고 그분과 협상하는 것은 옳지 않다. 하나님은 그분을 향한 예배의 가장 중요한 부분으로 온전함***을 분명히 명령하셨다.

> 네가 만일 네 아버지 다윗이 행함같이 마음을
> 온전히 하고 바르게 하여 내 앞에서 행하며 내가
> 네게 명령한 대로 온갖 일에 순종하여 내 법도와
> 율례를 지키면 내가 네 아버지 다윗에게 말하기를
> 이스라엘의 왕위에 오를 사람이 네게서 끊어지지

아니하리라 한 대로 네 이스라엘의 왕위를 영원히
견고하게 하려니와.

(열왕기상 9장 4-5절)

여기서 '온전함'은 표리부동한 마음과 달리 가식
과 거짓이 없이 진실하고 단순한 마음을 의미한다.
다시 말해, 올바른 삶의 영적 기초는 마음 깊은 곳이
진정으로 하나님께 향함으로써 거룩함과 의로 나아
가는 것이다.

물론 누구도 육신이라는 틀에 갇혀 있는 한 옳은
길로만 계속해서 걸을 수는 없다. 사실, 우리 대부분
은 너무 약해서 비틀거리고 절뚝거리고 바닥을 기느
라 좀처럼 나아가지 못한다. 하지만 최대한 진전해
야 한다. 우리가 시작한 길을 계속해서 걸어가야 한
다. 매일 조금의 진전도 이루지 못할 사람은 없다. 그
러므로 하나님의 길에서 꾸준히 나아갈 수 있도록
계속해서 노력하고, 너무 적게 전진했다고 절망하지
말자.

원하는 만큼 나아가지 못해도 어제보다 오늘 더

멀리까지 간다면 우리의 노력은 조금도 헛되지 않다. 그러니 진실함과 단순함으로 목표에 시선을 고정하고 그 목표를 갈망하자. 어리석게 자화자찬하지도 말고 악한 행동을 변명하지도 말자. 자신을 뛰어넘어 마침내 완벽에 이를 때까지 그 목표를 향해 끊임없이 나아가자. 물론 이것은 우리가 평생 추구해야 할 목표다. 그러나 연약한 육신에서 벗어나 하나님과의 완전한 교제 속으로 들어간 뒤에야 비로소 우리는 이 목표를 온전히 이룰 수 있을 것이다.

---

*   예를 들어, 하나님의 위엄에 관한 칼뱅의 논의(《기독교 강요》 1.1.2-3)와 회심에 관한 논의(《기독교 강요》 2.3.6).

**   칼뱅은 믿음이 뒷받침된다는 전제 아래 세례를 정화의 도구로 인정했다. "하지만 다른 모든 성례전과 마찬가지로 이 성례전에서도 오직 믿음으로 받는 만큼만 얻는다"(《기독교 강요》 4.15.15).

*** 창 17:1-2; 왕상 9:4-5; 시 41:12 참조.

삶의 모든 측면을
하나님의 뜻 아래에 내려놓지 않은 사람은
자신을 제대로 부인했다고 말할 수 없다.
영혼이 평온한 사람은 어떤 상황이 닥쳐도
자신을 비참하게 여기거나
하나님께 원망을 쏟아 내지 않는다.

2

그리스도인을 살다,
나를 부인하다

하나님의 법은 올바른 삶을 사는 데 가장 좋고 적합한 지침이다. 그럼에도 불구하고 우리의 하늘 선생님은 율법보다도 더 정확한 원칙으로 우리를 변화시키는 것이 좋다고 판단하신 듯하다. 그 원칙의 요지는 다음과 같다. 자신의 몸을 하나님이 받으실 만한 거룩한 산 제물로 드리는 것이 신자들의 의무다. 그리고 이것이 하나님께 드리는 참된 예배다. 이 원칙에서 이 세대를 본받지 말고 마음을 새롭게 함으로 변화를 받아 하나님의 뜻을 분별하라는 가르침이 나온다.

그러므로 형제들아 내가 하나님의 모든
자비하심으로 너희를 권하노니 너희 몸을
하나님이 기뻐하시는 거룩한 산 제물로 드리라
이는 너희가 드릴 영적 예배니라 너희는 이 세대를
본받지 말고 오직 마음을 새롭게 함으로 변화를

받아 하나님의 선하시고 기뻐하시고 온전하신

뜻이 무엇인지 분별하도록 하라.

(로마서 12장 1-2절)

우리는 하나님께 영광이 되지 않는 것은 생각하지
도 말하지도 묵상하지도 행하지도 않도록 성별되어
하나님께 드려진 인생이다. 이는 굉장히 놀라운 사실
이다. 신성한 것은 불경건하게 사용될 수 없다. 만약
그렇게 된다면 하나님께 대한 불충이다.

우리는 우리 것이 아닌 하나님의 것이므로 어떤
잘못을 피하고 어느 방향으로 우리의 온 삶을 향해
야 할지가 분명하다. 우리는 우리 것이 아니다. 우리
의 이성이나 뜻에 따라 계획하고 행동해서는 안 된
다. 우리는 우리 것이 아니다. 그러므로 육신의 만족
을 목표로 삼지 말자. 우리는 우리 자신의 것이 아니
다. 그러므로 최대한 자신과 자신의 유익은 잊자.

우리는 하나님의 것이다. 그러므로 하나님을 위
해서 살고 죽자. 우리는 하나님의 것이다. 그러므로
우리의 모든 행동을 하나님의 지혜와 뜻에 따라서

하자. 우리는 하나님의 것이다. 그러므로 삶의 모든 면에서 하나님을 유일하게 참된 목적으로 삼아 그분께로 달려가자. 우리가 우리 것이 아니라는 사실을 배우고서, 자신의 이성을 따르던 삶에서 하나님 뜻을 따르는 삶으로 돌아선 것이 얼마나 큰 진전인지 모른다. 우리 뜻대로 살면 파멸로 직행하지만, 무엇이든 우리 멋대로 판단하거나 원하지 않고 오로지 하나님의 인도하심을 따르는 것은 가장 안전한 길이기 때문이다.

따라서 나를 버리고 전심으로 하나님께 순종하는 것이 첫걸음이 되어야 한다. 여기서 '순종'은 하나님께 립 서비스를 하는 것을 의미하지 않는다. 그것은 육체의 소욕에서 해방되어 마음이 성령의 명령을 온전히 따르는 것을 의미한다. 이런 변화(바울이 "심령이 새롭게" 되는 것이라고 부른 것; 엡 4:23)가 생명의 시작이지만 철학자들은 이것을 모른다.

철학자들은 인간의 이성만을 최고로 치며, 이성에만 귀를 기울여야 한다고 생각한다. 그들은 인간의 이성만을 행동의 유일한 지침으로 삼는다. 하지만 그리스도인의 철학에서는 인간의 이성이 성령께 굴복한다. 이제 우리가 사는 것이 아니라 그리스도가 우리 안에서 살며 다스리시기 때문이다(갈 2:20). ◢

또 다른 요지는 다음과 같다. 우리는 자신의 유익이 아닌 하나님의 유익을 구하고 그분의 영광을 추구해야 한다. 나를 거의 잊는 것, 모든 문제에서 내 유익을 덜 중시하는 것, 하나님과 그분의 명령에 온 힘을 쏟으려고 꾸준히 노력하는 것은 그리스도인의 삶에서 매우 큰 진전이다. 자신의 유익을 중시하지 말라는 성경의 명령은 자신을 위해 물건을 소유하고 권력과 사람들의 칭찬을 얻으려는 욕구를 영혼에서 몰아내라는 명령이다. 또한 그것은 야망뿐 아니라 모든 인간적인 영광과 은밀한 악을 향한 욕구를 몰아내라는 명령이다.

그리스도인은 자기 삶 전체가 하나님과의 관계 속에서 이루어진다는 사실을 늘 기억해야 한다. 그리스도인은 자신의 존재 전체와 모든 행동을 하나님의 심판과 판단에 맡길 뿐 아니라, 마음속 모든 의도를 철저히 하나님의 뜻에 맞추어야 한다. 이렇게 모든 일에 하나님을 생각하는 법을 배운 사람은 모든 헛된 생각을 멀리하기 마련이다.

이것이 그리스도가 제자 훈련의 처음부터 제자들에게 수시로 권고하셨던 자기 부인이다.

이에 예수께서 제자들에게 이르시되
누구든지 나를 따라오려거든 자기를 부인하고
자기 십자가를 지고 나를 따를 것이니라.

(마태복음 16장 24절)

자기 부인이 마음을 사로잡으면 교만, 오만, 자만과 함께 탐욕, 정욕, 식탐, 비겁을 비롯해 자기애에서 나오는 모든 것을 몰아낸다. 반대로, 자기 부인이 다스리지 않으면 최악의 악이 파렴치하게 날뛸 수밖에 없다. 설령 덕목 비슷한 것이 있다 해도 그 덕목은 스스로의 영광을 원하는 타락한 욕심으로 왜곡되어 있다. 먼저 하나님의 명령 앞에 자신을 내려놓지 않고서는 옳은 행동을 하고 싶어질 수 없다.

자신을 철저히 부인하지 않은 사람들은 칭찬을 받기 위해 덕목을 애써 지킨다. 설상가상으로 많은 철학자들이 교만에 빠져 덕목 자체를 목적으로 삼아 추구하라고 말한다. 그들은 오직 자긍심을 위해 덕목을 추구하라고 권한다. 하지만 하나님은 덧없는 칭찬을 추구하는 자들을 기뻐하시지 않는다. 하나님은 마음이 교만하여 다른 사람들 앞에서 자신이 이 생에서 받은 상을 내세우며 자랑하는 사람들을 기뻐하시지 않는다(마 6:5-6, 16). 그런 사람들보다는 창기들과 세리들이 하늘나라에 더 가깝다.

> 예수께서 그들에게 이르시되 내가 진실로
> 너희에게 이르노니 세리들과 창녀들이 너희보다
> 먼저 하나님의 나라에 들어가리라 요한이
> 의의 도로 너희에게 왔거늘 너희는 그를 믿지
> 아니하였으되 세리와 창녀는 믿었으며 너희는
> 이것을 보고도 끝내 뉘우쳐 믿지 아니하였도다.

33

자신을 부인하지 않는 사람이 옳은 길을 걷지 못
하도록 방해하는 장애물의 본질이 무엇인지 분명히
알아야 한다. "인간의 영혼 속에는 숨은 악들의 세상
이 있다"라는 말이 정말 맞다. 이런 악을 치료하는 약
은 오직 자신을 부인하는 것뿐이다. 자신의 야망을
내려놓고 하나님이 요구하시는 것들을 온전히 추구
해야 한다. 그것들이 하나님을 기쁘시게 하기 때문
에 그것들을 추구해야 한다. ◢

성경의 다른 부분에서 바울은 잘 정돈된 삶의 다
양한 측면을 짧지만 더 분명하게 기술한다. "모든 사
람에게 구원을 주시는 하나님의 은혜가 나타나 우리
를 양육하시되 경건하지 않은 것과 이 세상 정욕을 다
버리고 신중함과 의로움과 경건함으로 이 세상에 살
고 복스러운 소망과 우리의 크신 하나님 구주 예수 그

리스도의 영광이 나타나심을 기다리게 하셨으니 그가 우리를 대신하여 자신을 주심은 모든 불법에서 우리를 속량하시고 우리를 깨끗하게 하사 선한 일을 열심히 하는 자기 백성이 되게 하려 하심이라"(딛 2:11-14).

이 구절에서 바울은 우리의 동기를 유발하는 하나님의 은혜를 이야기한 뒤에 예배로 가는 길을 끈질기게 방해하는 두 가지 걸림돌을 경고한다.

첫 번째 장애물은 경건하지 못한 모습으로 흐르는 우리의 자연스러운 성향이고, 두 번째 장애물은 우리를 더욱 지독하게 사로잡는 세상 정욕이다. 여기서 "경건하지 않은 것"은 미신만 의미하는 것이 아니다. 하나님을 향한 경외와 강하게 상충하는 모든 것을 가리킨다. "세상 정욕"은 육신의 욕심을 의미한다. 바울은 율법의 각 판을 언급하면서* 우리의 자연적인 성향을 내려놓고 자신을 부인하라고 명령한다. 즉 무엇이든 우리의 이성과 뜻이 요구하는 것을 거부하라고 말한다.

모든 옳은 행동은 "신중함"(self-control), "의로움", "경건함", 이렇게 세 가지 범주 가운데 하나에 속한다. 이 가운데 신중함은 깨끗함과 자기 절제를 의미한다. 또한 자신이 가진 것을 흠 없고도 조심스럽게 사용하고, 부족할 때는 인내로 행동하는 것을 의미한다. 의로움은 정의의 모든 요구사항을 준수하여 모든 사람에게 옳게 행하는 것이다. 경건함은 세상의 더러운 것들을 떠나 참된 거룩함 가운데 하나님과 연합하는 것이다.

신중함과 의로움과 경건함, 이 세 가지가 끊어지지 않는 끈으로 연결될 때 우리는 온전해진다. 하지만 육신의 이성에 작별을 고하고 우리의 욕망을 굴복시켜 하나님과 우리 형제들과 연합하는 것만큼 어려운 일도 없다. 사실상 우리는 이 땅의 지저분한 수렁을 지나면서도 천사들의 삶을 바라보고 있는 셈이다.

바울은 우리의 영혼이 모든 덫에서 해방되도록 복된 영생의 소망을 상기시키면서, 소망 없이 그런 의를 추구하지 말라고 권고한다. 그리스도는 처음에 우리의 구속자로 오셨고, 두 번째로 오실 때는 우리를 위해 확보하신 구속의 열매를 맺어 주실 것이다. 이런 식으로 바울은 우리를 흔들어 하늘의 영광을 갈망하지 못하도록 방해하는 모든 유혹을 무력화시킨다. 그는 하늘의 유산을 잃지 않도록 이 세상에서 나그네로 살라고 가르친다. ◢

━━━

그뿐만 아니라 디도서 2장 11-14절을 보면 자기 부인은 부분적으로는 인간들과 관련된 것이고 또 부분적으로는, 아니 주로 하나님과 관련된 것이다. 성경은 다른 이들을 더 높여 주는 삶을 살고 다른 이들의 행복을 위해 노력하라고 명령한다(롬 12:10).

아무 일에든지 다툼이나 허영으로 하지 말고 오직
겸손한 마음으로 각각 자기보다 남을 낮게 여기고.
(빌립보서 2장 3절)

이것은 우리의 영혼이 자연적인 성향을 비워야만 비로소 따를 수 있는 명령이다. 누구나 자신을 남들보다 높이고 다른 모든 사람을 자신보다 못하게 여길 합당한 이유가 있다고 생각한다. 이런 맹목에서 비롯한 자기애는 우리를 망친다. 하나님이 그 자체로서 좋은 뭔가를 선물로 주시면 우리는 그 선물을 근거로 자신을 자랑한다. 교만으로 가득 찬 모습을 보인다.

우리는 자신의 약점을 교묘하게 숨기고, 자칫 약점이 드러나면 사소한 문제인 것처럼 대수롭지 않게 말한다. 때로는 약점이 장점인 것처럼 자신을 속이기도 한다. 다른 사람이 우리가 부러워할 만한 은사, 혹은 우리보다 나은 은사를 보이면 인정하지 않고 조롱하며 깎아내린다. 반대로 누군가 단점을 보이면 신랄하게 지적하면서 가혹하게 비판한다. 심지어 그 단점을 부풀려서 말하기도 한다. 그렇게 자신이 다른 사람들과 다른 존재인 것처럼 자신을 높일수록 교만이 자라난다.

물론 대놓고 남들을 열등하게 여기고 깔보는 사람은 별로 없다. 대개 겉으로는 가난한 사람이 부자를, 평민이 귀족을, 종이 주인을, 배우지 못한 사람이 배운 사람을 따른다. 하지만 저마다 속으로는 자신을 대단하게 생각한다.

모든 사람이 자만한다. 말하자면 모두가 가슴 속에 한 나라를 품고 다닌다. 자기만족을 위해 다른 사람들의 인격과 도덕성을 비판하는 오만한 사람들을 생각해 보라. 다툼이 벌어지면 그들 안에 있는 독이 쏟아져 나온다. 모든 일이 기분 좋게 잘 풀릴 때는 온유한 사람처럼 보인다. 하지만 공격을 당하고도 겸손의 껍데기를 유지할 수 있는 사람은 별로 없다.

이 문제의 유일한 해결책은 우리 안에 깊이 들어온 치명적 질병들, 곧 다툼을 사랑하고 자기를 사랑하는 성향을 뿌리 뽑는 것이다. 성경은 이 병을 뿌리째 뽑도록 다음과 같이 가르친다. 바로 하나님이 우리에게 주신 좋은 것들은 우리에게서 비롯한 것이 아니라 하나님이 거저 주신 선물이라는 것이다.

온갖 좋은 은사와 온전한 선물이 다 위로부터
빛들의 아버지께로부터 내려오나니 그는 변함도
없으시고 회전하는 그림자도 없으시니라.

(야고보서 1장 17절)

자신의 은사를 과시하는 사람들은 배은망덕한 자들이다. 바울은 그들을 이렇게 꾸짖는다. "누가 너를 남달리 구별하였느냐 네게 있는 것 중에 받지 아니한 것이 무엇이냐 네가 받았은즉 어찌하여 받지 아니한 것같이 자랑하느냐"(고전 4:7).

자신의 약점을 늘 생각하면서 겸손으로 돌아가자. 겸손한 사람은 자기에게 우쭐해할 것은 하나도 없고 분수를 깨닫게 해 줄 것만 가득하다는 사실을 안다.

다른 한편으로 우리는 다른 사람들에게서 보이는 하나님의 은사를 존중하고 칭찬할 수 있어야 한다. 아울러 그런 은사를 지닌 이들을 인정해 주어야 한다. 하나님이 인정하시는 이들을 인정하지 않으려는 것은 부끄러운 짓이다. 아울러 성경은 마땅히 인정하고 잘 대해 주어야 할 사람들을 모욕하지 않도록 그들의 결점을 넘어가 줄 줄 알아야 한다고 가르친다. 물론 결점을 칭찬해서 오히려 부추겨서는 안 되지만 말이다. 이렇게 할 때 온유하고 겸손하게 행동하고 다른 사람을 은혜와 친절로 대할 수 있다. 마음

에 자기 부인과 다른 사람들에 대한 존중심을 가득 채우지 않고서는 진정한 온유함에 이를 수 없다. ◢

이웃의 유익을 추구하다 보면 많은 어려움을 만난다. 나에 대한 염려, 아니 나 자체를 내려놓지 않으면 이 영역에서 성장할 수 없다. 나를 포기하고 다른 사람들에게 전적으로 헌신하지 않으면 바울이 말한 사랑의 행위들이 나올 수 없다. "사랑은 오래 참고 사랑은 온유하며 시기하지 아니하며 사랑은 자랑하지 아니하며 교만하지 아니하며 무례히 행하지 아니하며 자기의 유익을 구하지 아니하며 성내지 아니하며."**

자기의 유익을 구하지 말라는 명령을 어떻게 지킬 수 있을까? 자기의 유익을 구하려는 우리의 본성을 어떻게 거스를 수 있을까? 우리의 본성은 자기애 쪽으로 치우쳐 있다. 그래서 자신이나 자신의 욕구를 쉽게 부인하고 남들의 유익을 추구하지 못한다.

뭔가에 대한 내 권리를 포기하고 누군가에게 양보하는 것은 더더욱 힘들다.

우리를 그런 자기 부인으로 이끌기 위해 성경은 우리에게 경고한다. 우리가 하나님께 거저 받은 모든 것에는 교회의 공익을 위해 사용해야 한다는 조건이 딸려 있다고 말이다.

> 각각 은사를 받은 대로 하나님의 여러 가지 은혜를
> 맡은 선한 청지기같이 서로 봉사하라.
>
> (베드로전서 4장 10절)

우리가 받은 좋은 선물을 다른 사람들과 값없이 후히 나누는 것이 올바른 사용이다. 우리가 이 명령을 지켜야 하는 가장 분명한 이유는 우리가 사용하는 모든 은사가 하나님이 이웃의 유익을 위해 사용하라고 주신 선물이기 때문이다. 성경은 분명 그렇게 가르친다.

그뿐만 아니라 성경은 여기서 한 걸음 더 나아가서 우리와 우리가 받은 은사들을 사람 몸의 지체들에 빗댄다. 몸의 어떤 지체도 자신만을 위해서 존재하지 않는다. 모든 지체는 다른 지체들을 위해 자신의 기능을 사용한다. 그리고 몸 전체가 뒷받침해 주지 않으면 각 지체는 제 기능을 발휘할 수 없다. 따라서 경건한 사람은 모든 능력을 형제들을 위해 사용해야 한다. 자기 이익보다 먼저 교회 전체의 덕 세우는 일을 생각해야 한다.

그러므로 다음과 같은 원칙에 따라 자비와 자선을 행하자. 즉 우리는 하나님이 이웃들을 도우라고 주신 은사의 청지기에 불과하다. 우리가 청지기라는 사실을 늘 기억해야 하며, 올바른 청지기 정신은 사랑의 법에서 비롯한다. 단순히 자신의 유익을 주로 생각하면서 다른 사람들의 유익도 함께 고려하는 수준이 아니라, 우리는 아예 다른 사람들의 유익을 위해 자기 유익을 포기할 수 있어야 한다.

이 청지기 원칙은 하나님의 모든 선물에 동일하게 적용된다. 하나님은 우리가 이 점을 잘 이해할 수 있도록 예전에 아주 작은 선물에 이 원칙을 적용하셨다. 즉 하나님은 그분의 백성에게 수확물 가운데

첫 열매를 그분께 바치라고 명령하셨다.

> 네 토지에서 처음 거둔 열매의 가장 좋은 것을
> 가져다가 너의 하나님 여호와의 전에 드릴지니라.

(출애굽기 23장 19절)

이 행위를 함으로써 오래전 하나님의 백성은 먼저 하나님께 바치기 전에 소산을 즐기는 것이 잘못이라는 점을 인정했다. 우리가 하나님의 선물을 그 창조주께 돌려 드릴 때 그 선물이 궁극적으로 거룩해진다. 따라서 선물을 먼저 하나님께 바치지 않고서 사용하는 것은 본래의 쓰임에서 변질된 것이며, 오남용하는 것이라고 할 수 있다.

단, 하나님의 부를 늘려 드리려는 마음으로 선물을 바치는 행위는 무의미하다. 시편에서 말하듯이 우리의 자비는 하나님께 이를 수 없기 때문에 우리는 이 땅에 있는 그분의 성도들에게 자비를 베풀어야 한다(시 16:2-3, KJV). 따라서 우리가 사람들에게 베푸는 자선은 거룩한 제사(sacrifices)에 비할 수 있다. 자

선은 율법이 요구하는 제사에 해당한다(히 13:16). ◢

─────

　나아가서 선한 일에 지치지 않도록(우리는 금세 지치기 때문에) 사도 바울의 다음 요지인 "오래 참고", "성내지 아니하며"라는 부분을 이해해야 한다. 하나님은 세상 모든 사람에게 선을 베풀라고 명령하신다. 그런데 세상에는 잘 대해 줄 가치가 없어 보이는 사람들이 너무 많다. 다행히 성경은 모든 사람에게 선을 베풀 가장 큰 이유들을 제시해 준다. 성경은 사람 자체의 가치를 보지 말고, 그 사람 안에서 우리가 경외하고 사랑해야 할 분이신 하나님의 형상을 보라고 말한다. 단, 우리는 믿음의 식구들 안에 있는 하나님의 형상을 더 적극적으로 보아야 한다. 그 형상은 그리스도의 영으로 새로워지고 회복되었기 때문이다.

　그러므로 우리는 기회 있는 대로 모든 이에게 착한 일을 하되 더욱 믿음의 가정들에게 할지니라.

따라서 우리의 섬김이 필요한 사람이 우리 앞에 있다면 결코 그를 외면하지 말아야 한다. 그 사람이 낯선 사람이라고 해 보자. 그렇다 해도 그에게도 우리에게 익숙한 하나님의 표식이 찍혀 있다. 이런 이유로 하나님은 같은 인간을 경멸하는 것을 금하신다. 그 사람이 경멸할 만하고 무가치하다 해 보자. 그렇다 해도 하나님은 그에게도 그분의 형상을 부여하는 수고로움을 마다하지 않으셨다.

우리가 그 사람에게 아무것도 빚지지 않았다고 해 보자. 그렇다 해도 우리가 수많은 놀라운 유익의 빚을 진 하나님이 그에게 그분 자신을 불어넣으셨다. 상대방이 지극히 작은 도움도 받을 만한 가치가 없는 사람이라고 해 보자. 그렇다 해도 그 사람 안에 있는 하나님의 형상으로 인해 그에게 관심을 기울이고 그에게 우리 자신과 우리의 전부를 내주어야 마땅하다. 상대방이 잘해 줄 가치가 없는 정도가 아니라 우리에게 불의를 행하고 상처를 입힌 사람이라고 해 보자. 하지만 그것조차도 그를 사랑으로 품어 주지 않고 그를 향한 사랑의 의무를 다하지 않을 이유가 될 수는 없다.

그가 사랑이 아닌 전혀 다른 것을 받아 마땅하다고 생각하는가? 그렇다면 당신은 무엇을 받아 마땅했는가? 하나님이 그 사람이 지은 죄를 용서하라고 명령하시는 것은 그 사람이 용서를 받아 마땅해서가 아니라 하나님이 당신을 용서하셨기 때문이다(눅 17:3-4). 이것이 우리에게 어려운 정도가 아니라 우리의 인간 본성에 철저히 반(反)하는 것을 이루기 위한 유일한 길이다. 즉 이것이 우리를 미워하는 자들을 사랑하고 악을 선으로 갚고 우리를 저주하는 자들을 축복하는 유일한 길이다.

> 나는 너희에게 이르노니 너희 원수를 사랑하며
> 너희를 박해하는 자를 위하여 기도하라.
>
> (마태복음 5장 44절)

사람들의 악함을 곱씹지 말고 그들 속에 있는

하나님의 형상을 생각해야 한다. 그들의 단점을 감춰 주고 지워 주는 그 형상의 아름다움과 존엄을 생각하면 그들을 사랑하고 환대하지 않고는 배길 수 없다. ◢

───

이런 자기 부인은 사랑의 조건들을 모두 채울 때만 이루어질 수 있다. 그런데 단순히 사랑의 외적인 의무들을 다한다고 해서 이런 조건들을 채운 것은 아니다. 물론 외적인 의무들을 단 하나라도 소홀히 해서는 안 된다. 단, 그 모든 것을 진정한 사랑으로 행해야 한다.

외적인 의무를 완벽히 수행하긴 하지만 그 동기는 전혀 옳지 않을 수 있다. 예를 들어, 후한 사람처럼 보이고 싶어서 남들에게 뭔가를 주기는 하는데 그럴 때마다 생색을 내서 상대방 기분을 상하게 만드는 사람들이 있다. 악이 판을 치는 이 불행한 시대에는 받는 사람들을 모욕하지 않고서 주는 경우가

별로 없다. 대다수가 그런 식으로 자선을 베푼다. 이런 유의 악은 심지어 옛 이교도들 사이에서도 참아 주지 못할 짓이었다.

그리스도인들은 상냥한 표정을 짓고 친절한 말로 상대방이 자신의 선행을 기분 좋게 받아들이도록 만드는 수준에서 한 걸음 더 나아가야 한다. 첫째, 그리스도인들은 도움을 필요로 하는 그 사람 입장에서 생각해야 한다. 그래서 마치 자신의 일처럼 상대방의 아픔을 안타까워해야 한다. 그럴 때 긍휼과 자비심을 느끼며 상대방의 상황이 마치 내 상황인 것처럼 도울 수 있다. 이런 마음가짐으로 형제들을 돕는 사람은 오만이나 분노로 섬김의 가치를 떨어뜨리지 않는다. 그는 상대방을 남의 도움이 필요한 사람이라며 깔보지 않고, 그를 자신에게 빚진 채무자로 여기지도 않는다.

당연한 말이지만 우리는 다친 손발이 다른 기관들의 도움을 필요로 한다고 해서 그 손발을 조롱하지 않는다. 그 손발이 도움을 주는 것보다 받는 것이 더 많다고 해서 그 손발이 다른 기관들에 빚을 졌다고 생각하지도 않는다. 자연 법칙에 따라 몸의 기관들이 서로에게 도움을 주는 것을 호의로 여길 수는 없다. 그것은 의무이며, 이 의무를 거부하는 것은 자연 법칙에 반하는 것이다.

마찬가지로, 우리는 한 번 의무를 이행했다고 해서 의무에서 자유로워졌다고 생각해서는 안 된다. 이는 부자들에게서 흔히 볼 수 있는 일이다. 뭔가를 한 번 주고 나서 나머지는 알아서 해결하도록 방치해서는 안 된다. 나머지 문제는 우리와 상관이 없는 것처럼 굴지 말아야 한다. 그러지 말고 우리 모두는 자신을 이웃들에게 빚진 채무자로 여겨야 한다. 아무리 위대한 사람이라고 해도 그런 태도로 살아야 한다. 그리고 부족한 사람들을 향한 친절의 행위에 한계를 두지 말아야 한다. 사랑의 법에 따라 최대한 친절을 베풀어야 한다. ◢

앞서 말한 자기 부인의 주된 부분에 관해 좀 더

자세히 이야기해 보자. 바로 하나님과 관련된 부분으로, 이 문제에 관해서는 내가 이미 많은 이야기를 했기 때문에 또다시 장황하게 이야기하는 것은 불필요할 듯하다.*** 여기서는 어떻게 자기 부인이 침착하고 참을성 있는 삶을 빚는지를 논하는 것만으로 충분하리라 생각한다.

무엇보다 성경은 이생에서의 편리함이나 편안함을 추구하는 우리에게 자신의 의지를 비롯해 모든 것을 하나님 앞에 내려놓고, 하나님이 길들이고 다스리시도록 마음을 드리라고 가르친다.

> 나라가 임하시오며 뜻이 하늘에서 이루어진
> 것같이 땅에서도 이루어지이다.
>
> (마태복음 6장 10절)

우리의 정욕은 맹렬하고 우리의 탐욕은 끝이 없어 권력과 명예를 좇고 재물을 쌓으려 한다. 우리는 자신을 위대하고 영광스럽게 만들어 줄 것만 같은 헛된 것들을 모은다. 그와 동시에 가난과 무명, 굴욕을 두려워하고 미워해서 어떻게든 피하려고 한다. 그래서 자신의 계획대로 사는 사람들은 쉴 틈이 없다. 야망이나 탐욕의 대상을 얻는 동시에 가난과 굴욕을 피하기 위해 온갖 방법을 쓰며 죽도록 애를 쓴다.

이런 덫에 빠지지 않도록 경건한 사람들은 다음과 같이 해야 한다. 첫째, 하나님의 복 외에 다른 이유로 번영하는 것은 아예 바라지도 말아야 한다. 오직 하나님의 복만 의지하고 그 복 안에서 안식해야 한다. 육신의 힘으로 분투하거나 육신의 열심을 통해 높아지거나 사람들의 도움으로 명예와 부를 얻기만 하면 되는 것처럼 생각하기 쉽다. 하지만 이 모든 노력은 허사일 뿐이다. 하나님이 해 주시지 않으면 우리의 재능이나 노력으로 이룬 번영은 결국 다 헛될 뿐이다. 반면에 하나님의 복은 모든 장애물을 뚫고 모든 것이 합하여 결국 번영을 이루게 만든다.

둘째, 물론 하나님의 복을 떠나서도 우리 스스로 영광스럽고 부한 뭔가를 얻을 수는 있다. 실제로 악한 사람들이 막대한 명예와 부를 쌓는 것을 흔히 볼 수 있다. 하지만 하나님의 복이 없으면 우리가 무엇을 얻든 다 악으로 변할 뿐이다. 그래서 하나님의 저주 아래 있는 사람들은 참된 행복을 만분지일조차 맛볼 수 없다. 따라서 우리를 불행하게 만들 것을 바라서는 안 된다. ◢

우리가 원하는 번영과 성공은 온전히 하나님의 복을 통해 얻어야 한다. 하나님의 복 없이는 온갖 불운과 불행만 찾아올 뿐이다. 또한 자신의 타고난 기술이나 인내심 혹은 인맥을 활용하여 탐욕스럽게 부와 명예를 추구하지 말아야 한다. 가만히 앉아서 큰 부에 관한 탐욕스러운 몽상을 하지도 말아야 한다. 언제나 하나님을 바라보아야 한다. 하나님이 예비하신 삶으로 이끌어 주실 줄로 믿어야 한다.

그렇게 되면 무엇보다도 우선 불법적인 행위와 배반, 악한 계획, 탐욕으로 이웃에게 피해를 주면서까지 부와 명예를 좇지 않는다. 대신 우리를 더럽히지 않는 것들을 추구한다. 도둑질을 비롯한 각종 악을 자행하면서 하나님의 복을 기대할 수는 없기 때문이다. 하나님의 복은 생각과 행위가 깨끗한 사람에게만 찾아오기에 그 복을 추구하는 사람들은 불순한 생각과 악한 행위를 자연스럽게 멀리하게 된다.

둘째, 우리가 부나 명예를 향한 걷잡을 수 없는 탐욕으로 불타지 않도록 우리에게 고삐가 달린다. 하나님의 말씀에 반하는 것들을 얻겠다고 하나님의 도우심을 구하는 것은 어처구니없는 짓이다. 하나님은 말씀을 통해 저주하신 것들에 대해서는 복도 도움도 주시지 않는다.

마지막으로, 우리의 소망과 바람대로 되지 않더라도 참을성을 잃고 상황을 저주하지 않는다. 그렇게 우리의 상황을 저주하는 것은 곧 모든 부와 가난, 명예, 치욕을 자신의 뜻대로 분배하시는 하나님께 불평하는 것임을 알기 때문이다.

요컨대 이와 같은 방식으로 하나님의 복을 의지하는 사람은 보통 사람들이 미친 듯이 추구하는 것을 얻기 위해 악한 수단을 동원하지 않는다. 그래 봐야 아무런 유익이 없음을 알기 때문이다. 그 사람은 자신의 번영을 자기 자신이나 자기 노력과 근면, 운 덕분으로 여기지 않고, 하나님이 모든 부의 창조주 이심을 인정한다.

> 만일 하늘에서 주신 바 아니면 사람이 아무것도
> 받을 수 없느니라.
>
> (요한복음 3장 27절)

신앙이 없는 사람은 조금만 자기 뜻대로 되지 않 아도 참지 못한다. 반면, 경건한 사람은 남들은 번영 하는데 자기 형편은 도무지 나아지지 않거나 오히려 나빠져도 인내와 온전한 정신으로 자신의 가난을 견 뎌 낼 수 있다. 그는 막대한 부나 권력보다 자신의 상 황이 하나님의 손안에 있다는 사실에서 위로를 얻는 다. 이런 태도는 그의 구원을 진척시킨다.

다윗이 바로 이런 사람이었다. 다윗은 하나님을 따르고 그분의 다스리심에 자신을 맡기면서 이렇게 선포했다. "내가 큰일과 감당하지 못할 놀라운 일을 하려고 힘쓰지 아니하나이다 실로 내가 내 영혼으로 고요하고 평온하게 하기를 젖 뗀 아이가 그의 어머니 품에 있음 같게 하였나니 내 영혼이 젖 뗀 아이와 같도다"(시 131:1-2).

경건한 사람이 평안과 인내심을 잃지 말아야 할 영역들이 더 있다. 우리는 이생에서 만나는 모든 상황을 이런 태도로 대해야 한다. 삶의 모든 측면을 하나님의 뜻 아래에 내려놓지 않은 사람은 자신을 제대로 부인했다고 말할 수 없다. 영혼이 평온한 사람은 어떤 상황이 닥쳐도 자신을 비참하게 여기거나 하나님께 원망을 쏟아 내지 않는다.

이생에서 우리가 보이지 않는 사건들에 얼마나 많이 노출되어 있는지를 생각하면, 왜 이런 태도가 필요한지 분명하게 알 수 있다. 우리는 끊임없이 질병에 시달린다. 전염병도 찾아온다. 참혹한 전쟁이 우리를 잔인하게 괴롭힌다. 서리와 우박이 땅을 메

마르게 해 큰 수확의 꿈을 물거품으로 만든다. 죽음이 아내와 부모, 자식, 가까운 친척들을 앗아 간다. 집이 불타 버린다. 이런 일이 벌어지면 대개는 자신의 삶을 저주하고, 자신이 태어난 것 자체까지 경멸하며, 하늘과 그 빛을 손가락질하고, 못된 말을 쏟아 내고, 하나님을 부당하고 잔인하다 비난할 수 있다.

하지만 이런 상황에서도 신자는 아버지 하나님의 자비와 은혜를 생각해야 한다. 가장 가까운 이들을 잃고 집이 텅 비어 외로워져도 신자는 하나님 찬양하기를 멈추지 말아야 한다. 오히려 이렇게 고백해야 한다. "하나님의 은혜가 여전히 우리 집에 가득하니 조금도 쓸쓸하지 않습니다."

가뭄이나 질병, 서리, 우박이 농작물을 쓸어버리는 바람에 흉년이 닥쳐도 신자는 이 진리를 끝까지 믿어야 한다. "우리는 주의 백성이요 주의 목장의 양이니 우리는 영원히 주께 감사하며 주의 영예를 대대에 전하리이다"(시 79:13). 그러면 땅이 아무리 메말랐어도 하나님이 필요한 것을 공급해 주실 것이다.

질병이 찾아와도 신자는 괴로움에 참을성을 잃

는다거나 또는 하나님께 해명을 요구하지 말아야 한다. 대신 그는 하나님의 징계가 정의요, 은혜임을 기억하며 참고 견뎌야 한다.

신자는 어떤 상황이라도 온유하고 감사한 마음으로 받아들여야 한다. 그 모든 일이 하나님이 정하신 일이기 때문이다. 신자 자신과 그의 모든 일은 하나님의 권능 아래에 있으니 그분의 다스리심을 고집스레 거부하지 말아야 한다.

이방인들은 위안을 얻으려고 어리석고도 불행한 방법을 동원하지만 그리스도인은 그래서는 안 된다. 이방인들은 힘든 상황 속에서 무너지지 않기 위해 그 모든 상황을 운으로 여긴다. 그러면서 운은 의도나 목적이 없이 맹목적이라 벌을 받아 마땅한지 여부를 따지지 않고 아무나 괴롭히기 때문에 운에 화를 내 봐야 소용이 없다 생각한다.

반면에 경건한 사람은 우리가 운이라고 부르는 모든 것이 오직 하나님 손안에 있고, 하나님의 손만이 그것을 다 판단하고 다스리며, 그분의 손은 분노에 끌려 무분별하게 움직이지 않기에 하나님의 의의 질서에 따라 좋은 것과 나쁜 것을 나누어 준다는 사실을 이해한다.

---

*   두 개의 석판에 십계명을 주셨다. 두 석판에는 각각 하나님에 관한 명령과 이웃에 관한 명령이 기록되어 있었다.

**   고전 13:4-5.

***   예를 들어, 회개와 죄 죽이기에 관한 칼뱅의 논의(《기독교 강요》 3.3.2-3).

십자가는 우리 안에 가득한
그릇된 자기 과신과 위선을 깨뜨린다.
십자가는 육신적 자신감을 벗겨 내
우리를 겸손하게 만들며,
무너지거나 패하지 않으려면
하나님만 의지해야 함을 가르쳐 준다.

3

그리스도인을 살다,
내 십자가를 지다

하지만 경건한 사람은 여기서 한 걸음 더 나아가서 자기 십자가를 지라는 예수님의 명령에 순종해야 한다. 예수님은 모든 제자에게 명령하셨다.

> 이에 예수께서 제자들에게 이르시되
> 누구든지 나를 따라오려거든 자기를 부인하고
> 자기 십자가를 지고 나를 따를 것이니라.
>
> (마태복음 16장 24절)

하나님이 택하사 기꺼이 그분과의 교제 속으로 받아 주신 사람들은 힘들고 고되고 괴롭고 온갖 악의 공격을 받는 삶을 각오해야 한다. 이런 식으로 그들을 테스트하는 것이 하늘 아버지의 뜻이기 때문이다. 그분은 여러 시험을 통해 그들을 검증하신다. 하나님은 그분의 독생자 그리스도부터 시작해서 그분의 모든 자녀들에게 계속해서 이 방식을 사용하신다.

그리스도는 누구보다도 사랑받는 아들이시다. 그리스도는 아버지의 영이 기뻐하는 분이시다(마 3:17; 17:5). 그럼에도 불구하고 그리스도는 얼마나 편 안과 안락을 누리지 못하셨는가. 사실, 그리스도는 이 땅에서 사시는 동안 끊임없이 십자가를 지셨다. 아니, 그분의 삶 자체가 십자가의 연속이라고도 할 수 있었다.

성경은 그리스도가 "고난으로 순종함을 배워"야 하셨기 때문이라고 그 이유를 밝힌다(히 5:8). 우리의 머리이신 그리스도가 당하신 상황을 우리만 면할 수 는 없다. 무엇보다도 그리스도가 우리에게 인내의 본을 보여 주려 고난을 당하셨는데 우리만 고난을 면할 수는 없다. 사도 바울은 하나님이 그분의 모든 자녀가 그리스도를 닮아 가도록 정하셨다고 밝힌다.

> 하나님이 미리 아신 자들을 또한 그 아들의 형상을 본받게 하기 위하여 미리 정하셨으니 이는 그로 많은 형제 중에서 맏아들이 되게 하려 하심이니라.
>
> (로마서 8장 29절)

우리는 이 사실에서 이루 말할 수 없는 위로를 얻는다. 암담하고 괴롭고 적대적이고 악한 상황에 처했을 때 우리가 그리스도의 고난에 동참하고 있다는 사실을 기억하면 더없이 큰 위로가 된다. 예수님이 온갖 악이 뒤엉킨 미로에서 하늘의 영광 속으로 들어가신 것처럼 우리는 다양한 시련을 겪으면서 인도함을 받는다. 또한 다른 구절에서 바울은 우리가 그리스도의 고난에 동참하면 그분의 부활의 권능을 알게 된다고 말한다(빌 3:10).

고난을 통해 그리스도의 죽음에 참여하면 결국 그분의 부활의 영광에도 참여하게 된다. 이 현실을 생각하면 모든 십자가의 고통이 줄어든다. 고난을 많이 당할수록 우리가 그리스도와 연합한 사람이라는 사실이 더욱 확증되는 것이니까 말이다. 이 영적 연합으로 인해 고난은 우리에게 복일 뿐 아니라 우리의 구원을 진척시키는 역할을 한다. ◢

우리 주님은 아버지께 순종을 증명해 보이는 것 말고 다른 이유로는 십자가를 지실 필요가 없었다. 하지만 우리가 평생 날마다 십자가를 져야 하는 데는 많은 이유가 있다. 무엇보다 우리는 자신의 약함을 수시로 확인하지 않으면 자신의 힘을 과대평가하기 쉽다. 모든 좋은 것을 자기 덕으로 여기는 것이 우리의 타고난 본성이다. 우리는 어떤 어려움이 닥쳐도 끄떡없다고 착각하기 쉽다. 또 자신의 육신에 대해 어리석고도 과장된 시각으로 흐르곤 한다. 그럴 때 우리는 자기 육신을 믿으며 하나님 앞에서 뻔뻔스럽게 자신을 높인다. 마치 하나님의 은혜 없이도 자기 능력만으로 충분한 것처럼 군다.

그런 교만을 꺾기에는 우리의 약함을 직접 경험하게 하는 것보다 더 좋은 방법이 없다. 그래서 하나님은 치욕과 가난, 불임, 질병 같은 고난이 우리를 괴롭게 하도록 허락하신다. 우리는 그런 고난을 너끈히 견디기는커녕 순식간에 무너져 내린다. 그렇게 굴욕을 당하고 나서야 하나님의 능력에 의지하는 법을 배운다. 오직 하나님의 능력만이 버거운 고난의 무게를 버티게 해 줄 수 있다는 사실을 배운다. 거룩한 사람들은 자신들이 제 능력이 아닌 하나님의 은혜로 산다는 것을 안다. 하지만 그들조차도 십자가의 시험으로 자신을 더 분명히 알게 되지 않으면 언제라도 자신의 용기와 꾸준함을 과신할 수 있다.

자신에 대한 과신은 심지어 다윗의 마음도 파고들었다. "내가 형통할 때에 말하기를 영원히 흔들리지 아니하리라 하였도다 여호와여 주의 은혜로 나를 산같이 굳게 세우셨더니 주의 얼굴을 가리시매 내가 근심하였나이다"(시 30:6-7). 하나님의 은혜를 의지해야 하건만 다윗은 일이 잘 풀릴 때면 분별력을 잃고 그 은혜를 무시한 적이 있다고 인정한다. 그는 자신의 형통이 영원하리라 확신했다. 다윗 같은 위대한 인물도 이럴 수 있다면 우리는 더더욱 정신을 바짝 차려야 한다.

사람들은 평온할 때는 자신이 한결같고 참을성이 많다고 스스로를 속이지만, 시련 앞에서 무너지면 자신의 현주소를 깨닫는다. 신자들은 이런 시험

을 통해 자신의 약함을 절실히 느끼면서 겸손해지
며, 왜곡된 자신감을 걷어 내고 하나님의 은혜를 의
지해 간다. 그렇게 하나님의 은혜를 의지할 때 하나
님의 능력 안에서 충분하고도 넘치는 도우심을 경험
한다. ◢

또한 바울은 "환난은 인내를, 인내는 연단을" 낳
는다고 가르친다(롬 5:3-4). 하나님이 고난의 시기에
신자들과 함께하겠다고 약속하셨기 때문이다. 신자
들은 고난 중에 하나님의 도우심으로 버티면서 이
진리를 경험한다. 그들만의 힘으로는 고난을 견뎌
낼 수 없기 때문이다. 성도들은 고난 중에 하나님이
약속하신 능력의 공급하심을 경험한다. 그럴 때 그
들의 소망이 점점 강해진다. 이런 경험을 하면서도
하나님의 진리가 한결같고 확실하다는 소망을 품지
않는 것은 있을 수 없는 일이다.

이렇듯 십자가에 얼마나 많은 유익이 있는지 모

른다. 십자가는 우리 안에 가득한 그릇된 자기 과신과 위선을 깨뜨린다. 십자가는 육신적 자신감을 벗겨 내 우리를 겸손하게 만들며, 무너지거나 패하지 않으려면 하나님만 의지해야 함을 가르쳐 준다.

그렇게 해서 승리하고 나면 소망이 솟아난다. 하나님이 약속하신 것을 공급해 주시는 경험을 하고 나면 앞날에 대한 하나님의 약속이 참임을 더욱 확신하게 되기 때문이다. 이런 이유만으로도 십자가의 훈련이 얼마나 중요한지가 분명해진다.

맹목적인 자기애에서 벗어나 자신의 약함을 깨닫는 것은 결코 작은 일이 아니다. 그렇게 내 약함을 절실히 깨닫고 나면 나에 대해 절망한다. 그리고 그 절망은 우리의 믿음이 하나님께 향하도록 이끈다. 그때부터 우리는 하나님의 도우심을 의지하며 끝까지 무너지지 않고 버틸 수 있다. 하나님의 은혜로 버티면서 그분이 반드시 약속을 지키시는 분임을 계속해서 확인해 간다. 그리고 그렇게 하나님의 약속을 확신할수록 우리의 소망이 강해진다. ◢

하나님이 그분의 백성에게 시련을 주시는 또 다른 이유는 그들의 인내를 테스트하고 순종의 훈련을 시키시려는 것이다. 하나님이 돕지 않으시면 아무도 인내의 열매를 맺을 수 없다. 감사하게도 하나님은 성도들에게 주신 인내가 잠재된 채로 남아 있지 않도록 그것들을 일깨우고 확인시켜 주신다. 실제로 성경은 하나님이 그분의 종들에게 주신 인내가 고난 중에 드러나도록 시험하신다고 말한다.

예를 들어, 하나님은 아브라함을 테스트함으로 그의 믿음을 확인시켜 주셨다. 아브라함은 독자를 제물로 바치라는 하나님의 명령을 거부하지 않았다.

여호와의 사자가 하늘에서부터 그를 불러
이르시되 아브라함아 아브라함아 하시는지라
아브라함이 이르되 내가 여기 있나이다 하매
사자가 이르시되 그 아이에게 네 손을 대지
말라 그에게 아무 일도 하지 말라 네가 네 아들
네 독자까지도 내게 아끼지 아니하였으니 내가

이제야 네가 하나님을 경외하는 줄을 아노라.

(창세기 22장 11-12절)

베드로도 금이 용광로에서 정련되듯 우리의 믿음이 시험을 겪으면서 증명된다고 가르친다. 신자가 고난에 처했을 때 하나님께 받은 인내를 사용하고 확인하는 것은 얼마나 귀한 선물인가. 그렇지 않으면 우리는 인내의 진정한 가치를 모를 것이다. 그래서 하나님은 신자들이 그분께 받은 이 덕목을 깨닫지 못하거나 썩히지 않도록 그것을 이끌어 낼 수 있는 상황을 만들어 주신다. 즉 성도들의 삶에 힘든 상황이 닥치는 데는 선한 이유가 있다. 그런 상황은 그들 안에 인내를 낳는다.

신자들은 십자가를 통해 순종하는 훈련도 받는다. 성경은 우리 뜻이 아닌 하나님의 뜻에 따라 살라고 가르치기 때문이다. 모든 일이 우리가 계획한 대로 풀리면 하나님을 따르는 것이 무슨 의미인지를 알 수 없다. 철학자 세네카(Seneca)도 역경 속에서 "하나님을 따르라"고 가르치는 옛 격언을 언급했다.* 이

격언은 사람의 손과 등이 하나님의 징계에 노출될 때 마침내 진정으로 하나님의 멍에를 받아들인다는 점을 시사한다. 따라서 우리는 하늘 아버지가 우리 안에 순종을 빚으시는 모든 방식에서 도망치지 말아야 한다. 우리는 모든 상황에서 하나님께 순종해야 한다. ◢

　　몸이 조금만 편안해도 너무나 쉽게 하나님의 멍에를 벗어던지는 우리를 생각하면, 순종하는 훈련이 우리에게 얼마나 필요한지 알 수 있다. 우리의 육신은 하나님의 명령에 순종하다가도 며칠만 한가롭게 풀을 뜯다 보면 금세 야생마처럼 날뛰는 고집 센 말과도 같다. 우리는 틈만 나면 하나님이 이스라엘 백성을 보며 탄식하셨을 때처럼 변한다. 살찌고 게을러진 우리는 그동안 먹이고 돌보신 분께 반항하며 날뛴다.

그런데 여수룬이 기름지매 발로 찼도다 네가
살찌고 비대하고 윤택하매 자기를 지으신
하나님을 버리고 자기를 구원하신 반석을
업신여겼도다.

(신명기 32장 15절)

　　하나님의 은혜 앞에서 우리는 그분의 선하심을
돌아보며 기뻐해야 마땅하다. 하지만 배은망덕하게
도 우리는 하나님의 은혜를 입을수록 제멋대로 굴
때가 많다. 그래서 고집으로 흐르지 않도록 하나님
의 징계가 필요하다. 돈이 많아졌다고 악하게 행동
하거나, 명예가 높아졌다고 교만에 빠지거나, 우리
안이나 우리를 둘러싼 상황에 좋은 것들이 생긴다고
해서 오만해지지 않도록 막아 주는 징계가 필요하
다. 십자가라는 치료제로 하나님은 우리 육신의 흉
포함을 저지하고 정복하고 억제해 주신다.
　　이와 관련해서 하나님은 각 사람에게 맞는 방법
을 사용하신다. 각자 걸린 병이 다르고, 같은 병에 걸
렸어도 정도가 천차만별이기 때문이다. 그런 만큼

각기 다른 치료제가 필요하다. 그래서 신자마다 다른 종류의 십자가를 지는 것을 볼 수 있다. 하늘의 우리 의사께서는 우리 모두를 건강하게 회복시키기 위해 어떤 이들은 부드럽게 대하시고 어떤 이들에게는 좀 더 강한 치료법을 적용하신다. 어떤 경우든 우리 가운데 하나님의 치료를 받지 않는 사람은 없다. 우리 모두는 병에 걸려 있기 때문이다. ◢

———

자비로우신 우리 아버지는 우리가 순종하는 자세를 잃지 않도록 우리의 약함을 드러내실 뿐 아니라, 수시로 지난 과오를 바로잡아 주신다. 따라서 고난이 닥치거든 즉시 삶을 돌아보아야 한다. 그러면 우리의 지난 과오들이 징계를 받을 만하다는 사실을 분명히 깨달을 것이다.

하지만 지난날에 범한 죄를 깨닫는 것이 고난이 찾아오는 주된 이유는 아니라는 점을 알아야 한다. 성경은 고난의 더 깊은 이유를 가르쳐 준다. 역경 속에서 하나님이 우리를 징계하시는 것은 세상과 함께 우리를 정죄하시기 위함이 아니다.

> 우리가 판단을 받는 것은 주께 징계를 받는 것이니
> 이는 우리로 세상과 함께 정죄함을 받지 않게 하려
> 하심이라.
>
> (고린도전서 11장 32절)

따라서 괴로운 고난의 한복판에서 우리는 우리를 향하신 아버지의 인자와 긍휼을 깨달아야 한다. 고난 중에도 하나님은 우리의 구원을 진척시키기를 쉬지 않으신다. 하나님이 주시는 고난은 우리를 망치거나 파멸시키기 위한 것이 아니라 세상과 함께 정죄함을 받지 않도록 우리를 구원하기 위한 것이다.

그래서 성경은 이렇게 말한다. "내 아들아 여호와의 징계를 경히 여기지 말라 그 꾸지람을 싫어하지 말라 대저 여호와께서 그 사랑하시는 자를 징계하시기를 마치 아비가 그 기뻐하는 아들을 징계함같이 하시느니라"(잠 3:11-12). 삶에서 아버지의 훈육의 매가 나타날 때는 잘못된 행동이 굳어진 완고하고 가망 없는 사람이 아니라, 순종하고 가르침을 받아들이는 아들의 모습을 보여야 한다.

우리가 하나님에게서 멀어질 때 하나님이 징계하심으로 다시 불러 주시지 않았다면 우리는 진작 파멸했을 것이다. 그래서 성경은 징계를 받지 않으면 친아들이 아니라 사생자라고 말한다.

> 징계는 다 받는 것이거늘 너희에게 없으면
> 사생자요 친아들이 아니니라.
>
> (히브리서 12장 8절)

따라서 하나님이 우리를 구원하시며 다정하게 대해 주시고 돌봐 주시는데도 그분을 피한다면 그것은 실로 악한 것이다. 성경은 신자들과 불신자들 사이에 차이가 있다고 말한다. 악이 뼛속 깊이 자리한 노예들처럼 불신자들은 채찍을 맞을수록 더 완악해진다. 하지만 신자들은 아들의 지위를 선물로 받은 사람처럼 회개한다. 둘 중 어느 쪽이 될지 선택하라. 이

주제에 관해서는 다른 곳에서도 다루었으니** 여기서는 잠깐 훑어본 것으로 마무리하겠다. ◢

―――

　의를 위해 핍박받는 신자들을 위한 특별한 위로가 있다. 의를 위해서 핍박받을 때 하나님이 우리를 그분의 명예로운 병사로 삼아 주셨다는 사실을 기억해야 한다.

　여기서 의를 위해 고난을 당하는 사람은 복음을 지키기 위해 핍박을 당하는 사람만이 아니라, 어떤 식으로든 의를 옹호하다가 핍박을 당하는 사람도 포함한다. 사탄의 거짓말에 맞서 하나님의 진리를 주장하든, 악인들의 불의에 맞서 선하고 무고한 이들을 옹호하든 세상의 미움을 받을 수밖에 없다. 그러면 우리의 삶과 재산, 명예가 위험에 빠질 수밖에 없다.

　그럴 때 우리는 그런 식으로 하나님께 헌신하는 것을 고통스럽거나 골치 아프게 생각하지 말아야 한다. 하나님이 친히 우리를 복받은 자로 선포하셨는데 우리가 스스로를 불행하게 여겨서는 안 된다.

> 의를 위하여 박해를 받는 자는 복이 있나니 천국이 그들의 것임이라.
>
> (마태복음 5장 10절)

가난 자체만 생각하면 불행이 맞다. 마찬가지로 추방되는 것, 멸시당하는 것, 감옥에 갇히는 것, 치욕을 당하는 것도 그 자체만 생각하면 불행이다. 무엇보다도 궁극적인 불행인 죽음이 있다. 하지만 하나님의 은혜가 우리에게 임하면 이 가운데 어느 하나도 우리의 행복을 위협할 수 없다. 그러니 우리 육신이 내리는 헛된 평가가 아닌 우리에 관해 말씀하시는 그리스도의 증언에서 더욱 큰 만족을 얻자.

그렇게 되면 사도들이 그랬듯이, 우리도 그리스도께서 우리를 그분의 이름을 위해 능욕받는 일에 합당한 자로 여기신다는 사실을 기뻐할 것이다(행 5:41). 우리가 무고하고 양심이 깨끗하더라도 악한 이들의 악행 때문에 자원을 빼앗겨 인간의 관점에서는 가난한 자로 전락할 수 있다. 하지만 하늘의 하나님 앞에서는 우리의 부가 참으로 늘어난다. 집에서 쫓겨날 수도 있지만 하나님의 가족 안으로는 더 깊이 들어간다. 괴롭힘과 경멸을 당할 수도 있지만 그리스도께 더 깊이 뿌리를 내리게 된다. 창피와 모욕을 당할 수도 있지만 하나님 나라에서는 더 명예로운 자리를 차지한다. 죽임을 당할 수도 있지만 복된 삶으로 가는 문이 열린다. 하나님이 그토록 가치 있게 여기시는 이런 것들을 이생의 허망하고 무상한 쾌락보다 더 못하게 여기는 것은 실로 창피한 짓이다. ◢

우리가 옳은 것을 위해 치욕과 해를 당할 때 성경은 이와 같은 가르침으로 우리에게 큰 위로를 준다. 만일 우리가 하나님의 손에서 오는 이런 치욕과 해를 기꺼이 받아들이지 않는다면 이는 배은망덕한 것이다. 베드로도 가르치듯이 그리스도께 영광이 되는 이런 형태의 십자가는 신자들만의 것이다.

> 너희가 그리스도의 이름으로 치욕을 당하면 복
> 있는 자로다 영광의 영 곧 하나님의 영이 너희
> 위에 계심이라.
>
> (베드로전서 4장 14절)

하지만 우리는 본성적으로 치욕적인 대우를 죽음
보다 몇 갑절이나 싫어하기 때문에 바울은 그리스도
인들이 핍박만이 아니라 치욕도 당할 것이라고 강조
한다. 우리가 이런 치욕을 당하는 것은 살아 계신 하나
님께 소망을 두기 때문이다(딤전 4:10). 또 다른 곳에서
바울은 사람들에게 욕을 먹든지 칭찬을 받든지 상관
없이 항상 그의 본을 따르라고 가르친다(고후 6:8).

하지만 우리가 핍박을 기꺼이 받아들인다고 해서
고통과 슬픔이라는 감정을 전혀 느끼지 않는 것은
아니다. 만일 성도들이 깊은 슬픔으로 괴로워하지
않는다면 십자가 앞에서 그들의 인내를 인내라 부를
수 없을 것이다. 가난해도 힘들지 않고 병에 걸려도

괴롭지 않고 치욕을 당해도 마음이 상하지 않는다면 그것은 무감각한 것일 뿐 용감하다거나 인내한다고 말할 수 없다. 이런 일을 당할 때 마음이 괴롭고 요동치는 것이 정상이다.

하지만 신자의 용기는 그런 가운데서도 드러난다. 신자는 괴롭고 슬픈 가운데서도 그런 감정과 용감하게 싸워 끝까지 버텨 낸다. 그런 감정 속에서 신자의 인내가 드러난다. 신자는 극심한 모욕을 당해도 하나님을 두려워하기 때문에 함부로 분노를 발하지 않는다. 그 순간, 신자의 흔들림 없는 모습이 빛을 발한다. 비통과 슬픔으로 괴로운 가운데서도 신자는 하나님의 영적 위로 안에서 안식을 찾는다. ◢

바울은 신자들이 인내와 끈기를 추구하는 과정에서 고통이라는 자연스러운 감정과 싸우는 전쟁을 생생한 언어로 기술한다. "우리가 사방으로 욱여쌈을 당하여도 싸이지 아니하며 답답한 일을 당하여도 낙

심하지 아니하며 박해를 받아도 버린 바 되지 아니하며 거꾸러뜨림을 당하여도 망하지 아니하고"(고후 4:8-9). 보다시피 인내로 십자가를 견뎌 내는 것은 슬픈 감정을 완전히 배제시킨다는 뜻이 아니다.

옛 스토아학파는 어리석게도 그런 사람을 꿈꾸었다. 그들은 인간성을 완전히 벗어 버려서 힘들 때나 번영할 때나 슬플 때나 성공할 때나 감정의 변화가 조금도 없는 사람, 마치 돌처럼 아무것도 느끼지 못하는 사람을 지향했다. 그런데 그들이 이것을 탁월한 지혜로 내세워 무엇을 이루었는가? 그들은 세상 어디에도 없는 유의 인내를 이야기했다. 물론 그들은 인내를 정확하게 표현하고 싶었던 것이지만 그 과정에서 진정한 인내의 힘을 잃어버렸다.

이와 비슷하게 오늘날 그리스도인들 사이에서 새로운 스토아학파가 등장했다. 그들은 괴로워하며 우는 것, 심지어 슬퍼하거나 분노하는 것도 악이라고 생각한다. 하지만 이것은 게으른 사람들에게서 나온 어리석은 생각이다. 그들은 행동하기보다는 관찰만 하기 때문에 그저 공상밖에 할 줄 모른다. 결국 이 잔인한 철학은 아무런 도움이 되지 못한다.

우리 주님은 말씀뿐 아니라 자신이 직접 본을 보이심으로써 이 철학에 반대하셨다. 주님은 그분 자신과 다른 사람들이 어려운 상황에 처했을 때 괴로워하고 우셨다. 그리고 제자들에게도 그렇게 하라고 가르치셨다. "너희는 곡하고 애통하겠으나 세상은 기뻐하리라"(요 16:20). 아무도 울고 애통하는 것을 죄로 탈바꿈시키지 않도록 예수님은 아예 애통하는 자를 복되다고까지 선언하셨다.

> 애통하는 자는 복이 있나니 그들이 위로를 받을
> 것임이요.
>
> (마태복음 5장 4절)

사실, 이는 너무도 당연한 것이다. 모든 눈물이 죄라면 우리 주님의 몸에서 떨어진 피의 눈물들은 어떻게 받아들여야 하는가?(마 26:28; 눅 22:44) 모든 두려움이 믿음이 없는 것이라면 성경에서 주님이 극심한 두려움에 시달렸다고 말하는 것은 무엇인가? 모든 슬픔이 멀리해야 할 것이라면 주님의 영혼이 죽을 정도로 슬퍼하셨다는 사실을 어떻게 받아들여야 하는가?(마 26:38, ESV)

내가 슬픔에 관한 이런 이야기를 한 것은 경건한 사람들이 포기하지 않도록 돕기 위해서다. 그들이 슬픔이라는 자연적인 감정을 없앨 수 없다고 해서 인내를 추구하는 일을 쉽사리 포기하지 않도록 돕기 위해서다. 그런 절망과 포기는 인내를 무감각과 동일시하는 사람들에게 찾아온다. 그들은 나무 기둥과 같은 사람을 용감하고 믿음이 좋다고 여긴다.

하지만 성경은 힘든 상황에서 괴로워하면서도 끝까지 무너지지 않는 사람, 비통으로 고통스러워하면서도 영적 기쁨이 충만한 사람, 근심에 시달리면서도 하나님의 위로하심을 힘입어 편히 숨을 내쉬는 사람을 인내하는 사람이라고 칭찬한다.

물론 힘든 상황에서 뒷걸음치고 도망치는 것이

우리의 본성이다. 우리 안에는 힘든 상황을 싫어하는 마음이 있다. 하지만 하나님을 사랑하면 힘든 상황에서도 그분의 뜻에 순종하기 위해 애를 쓴다. 우리 주님은 베드로에게 하신 말씀에서 역경을 싫어하는 인간의 마음을 지적하셨다. "네가 젊어서는 스스로 띠 띠고 원하는 곳으로 다녔거니와 늙어서는 네 팔을 벌리리니 남이 네게 띠 띠우고 원하지 아니하는 곳으로 데려가리라"(요 21:18).

물론 죽음을 통해 하나님께 영광을 돌려야 하는 순간이 왔을 때 베드로가 억지로 질질 끌려가지는 않았을 것이다. 만약 그랬다면 순교를 하고도 칭찬받지 못했을 테니 말이다. 하지만 베드로는 하나님의 명령에 전심으로 순종하는 가운데서도 마음의 갈등을 경험했다. 그는 여전히 인간이었기 때문이다. 그는 자신이 겪을 끔찍한 죽음을 생각할 때마다 두려움에 휩싸여 도망가고 싶었을 것이다. 하지만 하나님이 자신을 그런 죽음으로 부르셨다는 확신 덕분에 두려움을 억누르고 기꺼이 죽음을 받아들일 수 있었다.

그리스도의 제자가 되려면 하나님에 대한 민감성

과 그분께 순종하는 마음가짐을 길러 그분의 명령에 반하는 모든 본성을 억제하고 아울러 바르게 길들여야 한다. 어떤 십자가가 다가오더라도 지극히 작은 인내심이라도 끝까지 유지해야 한다.

물론 역경이 닥치면 괴롭다. 역경의 얼얼한 맛을 느낄 수밖에 없다. 병에 걸리면 신음하고 몸부림치면서 건강을 갈망한다. 가난에 쫓기면 슬픔과 근심이 몰려온다. 치욕과 경멸, 불의 앞에서 우리는 영혼을 무겁게 짓누르는 비통을 느낀다. 사랑하는 사람들이 죽으면 눈물을 쏟기 마련이다. 하지만 우리의 결론은 언제나 그 모든 일이 주님의 뜻이라는 것이어야 한다. 그분의 뜻을 따르자. 비통으로 신음이 절로 나고 눈물이 멈추지 않을 때 이런 생각을 하며 고난을 견뎌 내야 한다. ◢

＝

지금까지 '하나님의 뜻'이 십자가를 견뎌야 할 가장 큰 이유라는 점을 살폈으니, 이제 고난에 대한 기독교의 접근법과 철학자들의 세상 지혜를 바탕으로 한 접근법이 어떻게 다른지 간단하게 짚고 넘어가야겠다.

하나님의 손이 고난을 통해 우리를 빚으신다는 깨달음의 수준까지 도달한 철학자는 거의 없다. 고난이 닥쳤을 때 하나님께 순종해야 한다는 것을 이해한 철학자도 찾아보기 힘들다. 철학자들은 고난이 삶의 현실이라는 말 외에 고난을 견뎌야 하는 다른 어떤 이유도 제시하지 못한다. 이것은 결국 이렇게 말하는 것이다. "하나님께 반항해 봐야 소용이 없으니 그냥 순종해야 한다." 하지만 고난이 피할 수 없는 현실이기 때문에 하나님께 순종한다면 그것은 진정한 순종이라고 말할 수 없다.

성경은 하나님의 뜻 안에서 전혀 다른 뭔가를 보라고 가르친다. 그것은 바로 공평, 정의, 우리의 구원을 바라시는 마음이다.

우리가 알거니와 하나님을 사랑하는 자 곧 그의
뜻대로 부르심을 입은 자들에게는 모든 것이

합력하여 선을 이루느니라.

(로마서 8장 28절)

    따라서 기독교의 권면은 가난, 추방, 투옥, 모욕, 질병, 불임 같은 고난을 당할 때, 하나님의 허락과 섭리를 떠나서는 어떤 일도 일어나지 않으며 모든 일이 하나님의 완벽한 질서 안에 있다는 사실을 기억하라는 것이다. 따지고 보면, 매일같이 수많은 잘못을 저지르는 우리는 하나님이 그분의 자비에 따라 주시는 것보다 훨씬 더 엄하고 무거운 벌을 받아야 마땅하지 않은가. 우리의 육신이 본성에 따라 정욕으로 날뛰지 않도록 길들여지고 멍에에 익숙해지는 것이 옳지 않은가. 하나님의 정의와 진리가 고난을 견뎌 낼 이유로 충분하지 않은가.

    우리가 겪는 고난 가운데 하나님의 공평무사(公平無私)하심이 나타난다면 고난을 두고 불평하거나 몸부림치는 것은 옳지 않다. 따라서 우리는 "고난은 필연적이므로 굴복하라"라는 절망적인 말에 귀를 기울이지 않는다. 도리어 우리는 다음과 같이 강렬하고 능력이 넘치는 권고에 귀를 기울인다. "순종하라. 저항하는 것은 옳지 않기 때문이다. 인내하라. 인내하지 않는 것은 하나님의 정의에 도전하는 것이기 때문이다."

하지만 우리는 자신에게 좋게 보이는 것에만 끌리기 때문에 하나님은 십자가를 통해 우리의 구원을 이루신다는 확신으로도 우리를 위로해 주신다. 고난이 우리의 구원에 도움이 된다면 그것을 감사와 침착한 태도로 받아들여야 마땅하지 않은가. 고난을 인내로 견뎌 내는 것은 필연적인 것에 굴복하는 것이 아니라 우리에게 유익한 것에 동의하는 것이다.

이런 생각은 다음과 같은 열매를 맺는다. 우리의 영혼은 본래 고난의 쓴맛을 싫어하기 때문에 십자가 아래서 위축될 수 있지만, 영적 기쁨 덕분에 위축된 만큼, 아니 그 이상으로 다시 부풀어 오른다. 그럴 때 기쁨 없이는 불가능한 감사가 터져 나온다. 우리 주님을 향한 감사와 찬양은 기쁨 가득한 마음에서만 솟아날 수 있다. 우리 안의 이런 감사와 기쁨을

멈출 수 있는 것은 없다. 그러니 십자가의 고통은 영
적 기쁨으로 달래는 것이 마땅하다.

---

*   Seneca, *On the Happy Life*.

**   회개, 거듭남, 내재하는 죄에 관해 다룬 칼뱅의 논의를 참고하
     라(《기독교 강요》 3.3.9-11).

우리는 이 땅에서 힘든 일을 겪지만
그것은 다 언젠가 하늘에서 면류관을 쓰기 위한
준비 과정이다.

–

신자들의 눈이 부활의 능력을 바라볼 때
마침내 그들의 마음속에서 그리스도의 십자가가
사탄과 육신, 죄, 악인들에게서 승리를 거둔다.

그리스도인을 살다,
영생을 사모하다

어떤 어려움이 닥치든 이생을 덜 생각하고 미래의 삶을 더 많이 생각하도록 우리를 훈련시키는 하나님의 목적에 시선을 고정해야 한다. 하나님은 우리가 본능적으로 이 세상을 사랑하기가 너무도 쉽다는 사실을 잘 알고 계신다. 그래서 우리가 이 세상 사랑이라는 늪에 완전히 빠지지 않도록 우리를 잠에서 깨우시려 최상의 수단들을 사용해 끌어당기고 흔드신다.

우리 모두는 평생 하늘의 영생을 갈망하고 절박하게 추구하는 사람처럼 행동하고 싶어 한다. 사실, 우리는 사후 영생을 소망하지 않는 것 외에 우리와 크게 다를 바 없는 잔인한 짐승들과 어떤 식으로든 구별되지 않으면 창피한 것으로 여긴다.

하지만 아무나 선택해서 그 사람의 계획과 추구하는 것, 행동을 유심히 살펴보면 철저히 세상적이라는 것을 발견할 수 있다. 그래서 우리는 어리석다.

허망한 부와 권력, 명예의 빛에 눈이 먼 우리의 정신은 이런 것들 너머를 보지 못한다. 탐욕과 야망, 정욕에 짓눌린 마음은 이런 것들을 초월하지 못한다. 요컨대 우리의 영혼은 온통 육신의 유혹에 빠져 이 땅의 행복을 좇는다.

주님은 이 악을 물리치기 위해 고난의 교훈을 통해 이생의 허망함을 끊임없이 가르쳐 주신다. 주님은 우리가 이생에서 완벽한 평안을 기대하지 않도록 전쟁, 폭동, 강도질 같은 고난을 자주 허락하신다. 주님은 우리가 덧없고 불안정한 부를 탐욕스러운 눈으로 멍하니 바라보거나 이미 가진 것에 기대어 이 세상의 안위에 안주하지 않도록 때로 추방이나 기근, 화재 등을 허락하셔서 우리를 가난하게 만드신다.

설령 부를 허락하셔도 아주 적은 수준으로만 제한하신다. 우리가 결혼 생활의 즐거움에 지나치게 빠지지 않도록 때로 배우자의 그릇된 행동에 좌절하게 만드신다. 자녀의 잘못된 행동으로 우리를 낮추기도 하시고 아예 자녀가 없는 고통을 주기도 하신다. 물론 하나님이 우리를 더 부드럽게 다루실 때도 있다. 하지만 그럴 때도 우리가 교만에 빠지거나 자신감으로 들뜨지 않도록 주변에 질병과 위험을 배치하심으로써 죽을 수밖에 없는 인간들에게는 좋은 것조차 얼마나 불안정하고 덧없는지를 가르쳐 주신다.

> 고난당한 것이 내게 유익이라 이로 말미암아 내가 주의 율례들을 배우게 되었나이다.
>
> (시편 119편 71절)

십자가 훈련을 통해 우리는 이생 자체는 행복하기만 하지 않고 많은 불행으로 괴롭다는 사실을 배울 수 있다. 이생에서 우리가 좋다고 여기는 것조차 하나같이 많은 악이 섞여 있어서 불확실하고 덧없고 허망하고 망가진 것이라는 사실을 깨달을 수 있다. 그래서 이생에서는 고난밖에 기대할 것이 없으니 면류관을 기대할 수 있는 하늘을 바라봐야 한다는 결론을 내릴 수 있다. 우리의 영혼이 이생의 허망함을 깊이 느끼기 전까지는 미래의 삶을 진지하게 바라고 생각하지 못한다. ◢

이 둘 사이에 중간지대는 없다. 세상에는 이 땅을 무가치하게 여기는 사람과 이 땅을 향한 지나친 사랑의 굴레에 갇혀 있는 사람, 이렇게 두 부류의 사람만 존재한다. 영원을 생각한다면 그런 굴레에서 벗어나기 위해 최선을 다해야 한다. 물론 이생에는 우리를 유혹하는 것들이 많다. 위안을 주고 매력을 풍기고 달콤해 보이는 것들이 너무도 많다. 그래서 이런 것에 빠지지 않도록 수시로 이런 것을 잃어 보아야 한다. 때마다 닥치는 고난에도 정신을 차리지 않고 이생의 덧없음에 대해 숙고해 보지 않은 채 계속해서 세상을 즐긴다면 그야말로 구제불능이다. 인간의 삶은 수증기나 그림자와도 같다.

> 너희 생명이 무엇이냐 너희는 잠깐 보이다가
> 없어지는 안개니라.
>
> (야고보서 4장 14절)

배운 사람들만 이것을 아는 것이 아니다. 보통 사

람들도 이 만고불변의 진리를 알며, 이것을 기억해야 할 필요성을 느끼고 유명한 격언들을 통해 강조해 왔다. 하지만 실제로는 이 진리만큼 우리가 자주 떠올리거나 생각하지 않는 것도 없다. 다들 이 세상에서 영원히 살 것처럼 계획을 세운다. 물론 장례식장이나 무덤가를 지나갈 때 죽음의 이미지를 보고서 철학자처럼 삶의 허망함을 사색하기도 한다. 하지만 항상 그런 것도 아니다. 그런 것을 봐도 특별히 신경을 쓰지 않을 때가 많다. 설령 사색에 잠겨도 지혜를 사랑하는 우리 마음은 일시적일 뿐이다. 몸을 돌려 그 장소를 떠나자마자 그런 생각은 기억에서 흔적도 없이 사라진다.

다시 말해 유쾌한 쇼가 펼쳐지는 극장에서 울려 퍼지는 박수갈채처럼 순식간에 사라진다. 죽음만 아니라 인간의 유한성도 까마득히 잊어버린다. 마치 그런 것에 관한 이야기를 들은 적도 없는 사람처럼 이 땅에서 영원히 산다는 착각으로 돌아간다. 인간이 일시적인 존재일 뿐이라는 격언을 보면 잠시 정신이 들고 고개를 끄덕이지만 크게 신경을 쓰지는 않는다. 그러면서 머릿속에는 여전히 자신이 영원히 산다는 생각이 깊이 박혀 있다.

따라서 이 세상 삶의 불행한 상태에 관해 말로 듣고 깨달을 뿐 아니라, 우리에게 닥친 일을 통해 확신하는 것이 얼마나 귀한지 모른다. 불행한 일을 겪고 나면 더는 가장 좋은 것들이 이 땅에 다 있는 듯 여기는 어리석고 타락한 동경심으로 이생을 바라보지 않게 된다. 하나님이 이런 식으로 우리를 가르치려 하실 때 우리는 우리를 부르시는 그분의 말씀을 듣고 잠에서 깨어나야 한다. 세상을 너무 사랑하지 말고 늘 미래의 삶을 바라보는 일에 온 마음을 다해 분투해야 한다. ◢

하지만 이생을 사랑하지 않는다고 해서 이생을 경멸하거나 하나님께 배은망덕해서는 곤란하다. 이생이 온갖 불행으로 가득하지만, 그럼에도 이생을 경멸하지 말고 하나님의 복 가운데 하나로 여겨야 한다. 이생에서 찾아오는 하나님의 복을 인정하지 않는다면 하나님께 배은망덕하는 죄를 범하는 것이다. 특히 신자들은 이생에서 하나님의 선하심의 증거를 봐야 한다. 이생의 모든 것이 우리의 구원을 진척시키기 위해 설계되었기 때문이다.

하나님은 우리에게 영원한 영광의 유업을 분명히 보여 주시기 전에 먼저 작은 증거들을 통해 자신을 우리의 아버지로 선포하기를 원하신다. 하나님이 매일 우리에게 주시는 좋은 선물들이 바로 그런 증거들이다. 이생이 하나님의 선하심을 이해하는 데 도움이 된다면 그 안에 일말의 유익도 없는 것처럼 이생을 경멸해야 할까? 아니다. 우리는 이생을 하나님의 좋은 선물 가운데 하나로 여겨 경멸하지 말아야 한다.

사실, 성경에 기록한 무수히 많고 분명한 증거만으로는 부족하기라도 한 듯 자연 자체도 하나님께 감사를 돌려 드리라고 우리를 부추긴다. 하나님은 우리를 이 세상의 빛 가운데로 이끌어 내셨고 이 세상을 즐기도록 허락하셨다. 그리고 생명을 보존하는

데 필요한 모든 것을 우리에게 아낌없이 주셨다.

무엇보다도 우리가 이 땅에서 사는 동안 하늘나라의 영광을 준비하고 있다는 사실을 기억하면 감사하지 않을 수가 없다. 우리는 이 땅에서 힘든 일을 겪지만 그것은 다 언젠가 하늘에서 면류관을 쓰기 위한 준비 과정이다. 전쟁의 어려움을 끝까지 견뎌 낸 사람은 결국 승리를 거둘 것이다.

감사해야 하는 또 다른 이유가 있다. 그것은 우리가 이생에서 여러 복을 통해 하나님의 선하심을 맛보기 시작한다는 것이다. 그럴 때마다 우리의 소망과 갈망이 커져 하나님의 선하심이 온전히 나타날 순간을 더욱 열심히 추구하게 된다.

이 땅의 삶이 하나님의 자비로운 선물이며, 그러한 사실을 기억하며 감사하는 것이 우리의 의무라는 결론을 내렸다면, 이제 이생의 괴로운 상태에 관해 생각할 준비가 된 셈이다. 그런 생각을 할수록 이생에 대한 과도한 갈망(앞서 말했듯이, 우리의 자연스러운 본성)에서 벗어난다. ◀

이생에 대한 뒤틀린 사랑에서 벗어날 정도로 더 나은 삶을 바라는 갈망이 강해져야 한다. 솔직히, 태어나지 않았다면 좋을 뻔했다거나 일찍 죽는 편이 낫다고 생각한 사람들은 합리적이다.* 그런 사람에게는 하나님의 빛과 참된 종교가 없기 때문에 이생에서 더럽고 불행하지 않은 것을 볼 수 없었다. 그들이 친족들의 탄생을 슬픔과 눈물로 맞고 친족들의 장례식을 엄숙한 기쁨으로 맞은 것도 전혀 비합리적이지 않다.** 이런 감정은 그들에게 무익했다. 믿음의 가르침을 받지 못한 그들은 '그 자체로는 복되거나 바람직하지 않은 것'이 의를 위한 좋은 결과로 이어질 수 있다는 점을 이해하지 못했기 때문이다. 그래서 그들은 절망적인 결론을 내렸다.

따라서 신자들은 이 육신의 삶을 돌아보며 그 자체로는 불행일 뿐임을 깨닫는 데서 멈추지 말고, 장차 누릴 영원한 삶을 생각하며 기뻐해야 한다. 미래에 누릴 영생에 비하면 이생은 경시하고 싫어할 수밖에 없는 것이다. 하늘이 우리 집이라면 이 땅은 유배지일 뿐이다. 이 세상을 떠나는 것이 진정한 생명으로 들어가는 것이라면 이 세상은 무덤일 뿐이다. 이생을 지속하는 것은 죽음의 바다에 잠긴 채 그 상태를 이어 가는 것일 뿐이다. 몸에서 해방되는 것이 진정한 자유를 얻는 것이라면 몸은 감옥일 뿐이다. 행복의 최고봉이 하나님의 임재를 누리는 것이라면 그것이 없는 상태는 불행일 뿐이다. 이 세상을 탈출할 때까지 우리는 "주와 따로 있는" 상태다(고후 5:6).

따라서 하늘의 삶에 비하면 이 땅의 삶은 안타까워하고 싫어해야 하는 것이다. 하지만 이생에서 우리가 죄를 지을 수밖에 없다는 사실을 미워하는 것 말고는 이생 자체를 경멸해서는 안 된다. 죄는 미워해도 삶 자체를 경멸해서는 곤란하다. 너무 지쳐서 이생이 끝나기를 바랄 수도 있지만, 그렇다 해도 우리는 하나님 뜻에 따라 살아야 한다. 하나님이 우리를 전초기지에 배치시키셨으니 그분이 집으로 부르실 때까지 이곳을 지켜야 한다. 물론 육신에 오랫동안 갇혀 있던 바울은 자신의 상황을 안타까워하며 해방을 위한 간절한 바람을 담아 탄식했다.

오호라 나는 곤고한 사람이로다 이 사망의 몸에서

누가 나를 건져 내랴.

(로마서 7장 24절)

그럼에도 불구하고 그는 하나님의 다스리심에 항
복하며 어떤 상황이 닥치든 받아들일 준비가 되어
있다고 선언했다(빌 1:23-24). 그는 살든지 죽든지 하
나님의 이름을 영화롭게 하는 것이 자신의 본분임을
깨달았다(롬 14:8). 무엇이 그분께 가장 큰 영광이 되
는지를 결정하는 것은 어디까지나 하나님의 몫이다.

살든지 죽든지 하나님을 위해서 해야 한다면 우
리의 삶이 언제 끝날지는 그분의 결정에 맡기자. 다
만 우리는 이생의 끝을 간절히 바라고 매일같이 내
세를 바라보자. 미래의 영생을 생각하며 이생을 싫
어하자. 이생에서 죄의 득세를 생각하며 하나님이
허락하시자마자 이생을 내려놓기를 갈망하자. ◢

하지만 뜻밖에도, 자랑스럽게 그리스도인이라고 말하는 사람들 중에도 죽음을 갈망하기보다는 죽음만 생각하면 두려움에 사로잡히는 사람이 많다. 그들은 죽음이 불길하고 비참한 것인 양 죽음이라는 말만 나와도 벌벌 떤다. 물론 우리의 자연적인 감각이 죽음의 소식에 반응하는 것은 정상이다. 하지만 우리는 두려움을 '그보다 더 큰 하나님의 위로'로 물리치고 억누를 수 있는 신앙심이 있어야 한다. 그리스도인에게 그런 신앙심이 없다면 완전히 잘못된 것이다.

이 불안정하고 악하고 부패하기 쉽고 죽을 수밖에 없고 썩은 육신의 장막은 죽어야 한다. 그 뒤에야 비로소 이 육신이 변함없고 완벽하고 부패하지 않는 '하늘의 영광체'(heavenly glory)로 새로워진다. 이 사실을 기억하면 우리의 본능이 두려워하는 죽음을 오히려 간절히 바라게 된다. 우리가 죽음을 통해 망명지를 떠나 하늘의 집으로 돌아간다는 사실을 기억하면 죽음을 편히 받아들일 수밖에 없다.

어떤 이들은 이렇게 반대할 것이다. "모든 피조물은 영원해지길 갈망한다." 그렇다. 바로 이런 이유로 나는 우리가 이 땅에서는 불가능한, 영원한 불멸이 있는 미래를 바라보아야 한다고 믿는다. 바울도 죽음을 기쁘게 받아들이고, 벗는 것이 아닌 덧입기를 갈망하라고 가르친다(고후 5:2-4). 말 못하는 짐승과 나무, 심지어 돌 같은 생명 없는 피조물들도 현재의 허망함을 의식하고서, 하나님의 아들들과 함께 타락에서 해방될 마지막 부활의 날을 갈망한다.

피조물이 고대하는 바는 하나님의 아들들이
나타나는 것이니.

(로마서 8장 19절)

우리는 지능의 빛을 선물로 받았다. 그뿐만 아니라 하나님의 영이 우리를 깨우치신다. 따라서 우리는 고난의 경험을 통해 이 썩어 가는 땅이 아닌 저 하늘로 마음을 향해야 한다.

하지만 지금은 죽음에 대한 두려움 같은 문제를

논할 시간도 자리도 아니다. 처음부터 분명히 밝혔듯이 여기서 흔한 주제를 놓고 장황하게 논할 마음은 조금도 없다. 죽음이 두려운 사람들은 죽음이라는 주제에 관해 키프리아누스(Cyprian)가 쓴 작은 책을 꼭 읽어 보길 바란다. *** 혹은 죽음을 우습게 보는 철학자들의 글을 읽어 보라. 두려움에 빠진 영혼들은 그런 글을 읽으면 창피해질 수밖에 없다.

하지만 여기서는 이 사실 하나만 꼭 기억하자. 죽음과 최종 부활의 날을 기쁨으로 고대하지 않고서 그리스도의 학교에서 큰 성장을 이룬 사람은 한 명도 없다. 바울은 바로 이것이 모든 그리스도인의 공통된 특징이라고 말한다.

> 모든 사람에게 구원을 주시는 하나님의 은혜가
> 나타나 우리를 양육하시되 경건하지 않은 것과
> 이 세상 정욕을 다 버리고 신중함과 의로움과
> 경건함으로 이 세상에 살고 복스러운 소망과
> 우리의 크신 하나님 구주 예수 그리스도의 영광이
> 나타나심을 기다리게 하셨으니 그가 우리를

대신하여 자신을 주심은 모든 불법에서 우리를
속량하시고 우리를 깨끗하게 하사 선한 일을
열심히 하는 자기 백성이 되게 하려 하심이라.

(디도서 2장 11-14절)

성경은 흔들리지 않는 기쁨의 이유를 제시하면서
다음과 같은 것들을 생각하게 만든다.

주님은 이렇게 말씀하신다. "일어나 머리를 들라
너희 속량이 가까웠느니라."**** 주님이 크게 기뻐하
라고 하셨는데, 어째서 우리는 슬퍼하고 두려워하는
가? 우리가 슬퍼하고 두려워한다면 어떻게 그분을
주님이라고 부르고 그분께 영광을 돌릴 수 있는가?

그러니 더 합당한 마음가짐을 갖자. 맹목적이고
어리석은 육신의 욕심이 우리를 방해해도 주님의 오
심을 가장 좋은 일로 여겨 열렬히 갈망하자. 단순히
머릿속으로만 갈망하지 말고, 탄식하고 신음하며 갈
망하자. 주님은 이 거대한 악과 불행의 소용돌이에서
우리를 구해 내 그분의 생명과 영광의 복된 유업으로
우리를 이끌기 위해 오시는 것이기 때문이다. ◢

모든 신자는 이 땅에서 사는 동안은 도살당할 양 같이 여김을 받을 것이다. 그들의 머리이신 그리스도가 그러하셨기 때문이다(롬 8:36). 현재 상황을 넘어 하늘에 마음을 고정하지 않으면 우리는 한낱 불쌍한 사람일 뿐이다(고전 15:19). 악한 자들이 부와 상을 누리며 지극히 평온하고 화려하고 사치스럽고 풍족하고 즐겁게 사는 꼴을 보고, 심지어 그들에게 악하게 공격을 받거나 모욕을 당하거나 그들의 탐욕 때문에 착취를 당하거나 그들의 욕심에 괴롭힘을 당해도, 신자들은 그런 악을 견뎌 낼 수 있다. 주님이 충성스러운 이들을 그분 나라의 평안 가운데 받아 주실 날을 바라보기 때문이다.

그날 주님은 그들의 눈에서 모든 눈물을 닦아 주시고, 영광과 기쁨의 옷을 입히시고, 형언할 수 없이 달콤한 그분의 즐거움을 맛보게 하시며, 그분과 나누는 지고한 교제 가운데로 초대하시고, 마침내 그분의 행복에 참여하게 해 주실 것이다(사 25:8; 계 7:17). 하지만 이 땅에서 부귀영화를 누린 악인들은 완전한 치욕을 당하게 하실 것이다. 그들의 쾌락을 고통으로, 그들의 웃음과 기쁨을 눈물과 괴로움으로 바꾸실 것이다. 양심의 찔림으로 그들의 평온을 뒤흔드실 것이다. 꺼지지 않는 불로 그들의 방종을 벌하실 것이다. 그들의 악행 때문에 인내심의 극한까지 몰려야 했던 경건한 사람들이 그들을 지배할 것이다.

바울에 따르면, 예수님이 하늘에서 나타나실 때 부당하게 괴롭힘을 당해 불쌍하게 산 사람들은 안식을 얻고 경건한 사람들을 괴롭힌 악인들은 고통을 당하는 것이 확실하다(살후 1:6-7). 이 얼마나 큰 위로가 되는 사실인가! 이 위로가 없다면 우리는 깊은 절망 가운데 살거나 이 세상에 팽배한 자멸적이고 허망한 위로를 추구할 수밖에 없다. 시인도 악한 자들의 번영이 너무 오래가는 현실을 생각할 때 견딜 수 없이 괴로웠다고 고백했다. 때마다 하나님의 전에 들어가 경건한 자들과 악인들이 맞게 될 완전히 서로 다른 결말을 다시 기억하지 않았다면 그는 버티지 못했을 것이다.

내가 어쩌면 이를 알까 하여 생각한즉 그것이 내게
심한 고통이 되었더니 하나님의 성소에 들어갈
때에야 그들의 종말을 내가 깨달았나이다.

(시편 73편 16-17절)

한마디로 정리하자면, 신자들의 눈이 부활의 능
력을 바라볼 때 마침내 그들의 마음속에서 그리스도
의 십자가가 사탄과 육신, 죄, 악인들에게서 승리를
거둔다.

---

*   테오그니스(Theognis), 헤로도토스(Herodotus), 키케로(Cicero) 같
은 저자들이 이런 심정을 표현했다.

**   키케로가 에우리피데스(Euripides)의 사라진 작품에서 인용한 글
에 그런 대목이 있다.

***   Cyprian, *On Mortality*.

**** 눅 21:28 참조.

모든 것이 우리가 그 창조자를 알게 하기 위해
주어졌다는 사실을 인정하면
정욕을 다스릴 수 있다.
그럴 때 하나님의 선하심에 감사할 수 있다.

–

하나님이 주신 소명을 완수하겠다는
목표를 향해 매진하는 사람은
삶이 잘 정돈될 수밖에 없다.

CHAPTER

5

그리스도인을 살다,
이 땅의 것들을 옳게 사용하고 누리다

이런 교훈들을 통해 성경은 이 땅의 좋은 것들을 어떻게 사용해야 하는지도 가르쳐 준다. 이것은 삶의 원칙을 정할 때 무시해서는 안 될 문제다. 우리는 살아 있기 때문에 이생의 유용한 것들을 사용해야만 한다. 혹여나 필요보다 즐거움을 위한 것이라고 해서 이런 것들을 피해서는 안 된다. 다만, 필요한 것이든 즐거운 것이든 이 세상의 것들을 올바로 사용하기 위한 원칙을 지켜야 한다.

하나님은 신자들에게 이생이 하늘나라를 향하는 일종의 순례라고 말씀하실 때 이 원칙을 정해 주셨다. 신자들이 단순히 이 땅을 지나가는 것이라면 그 여행에 방해가 되지 않고 도움이 되는 쪽으로 이 땅의 것들을 사용해야 한다. 그래서 바울은 우리가 마치 이 세상의 것들을 쓰지 않고 있는 듯 그것들을 쓰고, 마치 재물을 팔고 있는 듯 그것을 사라고 권한다.

형제들아 내가 이 말을 하노니 그때가 단축하여진
고로 이후부터 아내 있는 자들은 없는 자같이
하며 우는 자들은 울지 않는 자같이 하며 기쁜
자들은 기쁘지 않은 자같이 하며 매매하는 자들은
없는 자같이 하며 세상 물건을 쓰는 자들은 다
쓰지 못하는 자같이 하라 이 세상의 외형은
지나감이니라.

(고린도전서 7장 29-31절)

하지만 이 문제는 마치 사방이 가파른 경사면으
로 둘러싸인 미끄러운 땅과도 같기 때문에 어느 쪽
으로도 미끄러지지 않도록 조심해야 한다. 고삐 풀
린 욕망으로 방탕과 사치가 극에 달한 모습에 경각
심을 느낀 경건한 자들이 있었다. 그들은 방탕과 사
치를 철저히 억눌러야 할 필요성을 느꼈다. 그들은
이 어려운 문제를 바로잡기 위해 한 가지 원칙을 정
했다. 삶에 반드시 필요한 경우에만 이 세상 것들을
사용하도록 허용한다는 것이다. 그 원칙은 분명 경
건한 것이었지만 도가 지나칠 정도로 엄격했다.

그들은 인간의 양심을 하나님의 말씀보다도 더 심하게 구속했다. 이는 매우 위험한 태도다. 그들은 생활에 꼭 필요한 것 외에 모든 것을 금지시켰다. 빵과 물 이상의 것을 먹고 마시는 것은 허용하지 않았다. 이보다 더 심한 이들도 있었다. 예를 들어, 테베의 크라테스(Crates of Thebes)는 재물을 파괴하지 않으면 자신이 파괴될 것이라는 생각에 전 재산을 바다에 던져 버렸다고 한다.

하지만 오늘날에는 외적인 것들을 사용하는 것에 대한 육신의 과도한 욕심을 정당화하기 위해 빠져나갈 구멍을 찾는 자들이 많다. 그들은 마음껏 사치와 방탕에 빠지기를 원한다. 그래서 그들은 내가 절대 인정할 수 없는 자유를 인정한다. 바로 외적인 것들을 마음대로 사용할 자유다.

그들은 외적인 것들을 사용하는 일은 어디까지나 각 개인의 양심에 달린 문제인 만큼 제한할 수 없다고 말한다. 물론 이런 문제에서 획일적이고 구체적인 규칙들로 양심을 통제할 수는 없다고 본다. 하지만 성경이 외적인 것들을 어떻게 사용해야 하는지

전반적인 원칙을 제시하므로 우리는 이 원칙에 따라 자신을 절제해야 한다. ◢

═══

　하나님의 선물들을 사용할 때 창조주께서 그것들을 창조하고 설계하신 목적에 따라 사용하면 잘못할 일이 전혀 없다. 하나님은 우리를 망가뜨리시려고 그것들을 창조하신 것이 아니라, 우리를 좋게 하시려 창조하셨기 때문이다. 따라서 하나님의 이 목적을 온전히 안다면 누구보다 옳은 길로 갈 수밖에 없다.

　예를 들어 하나님이 음식을 창조하신 목적을 헤아리면 하나님이 우리의 필요만이 아니라 즐거움도 존중하신다는 사실을 깨달을 수 있다. 옷도 마찬가지다. 하나님이 옷을 만드신 목적은 우리의 필요를 채워 주시는 것뿐 아니라 우리를 아름답게 꾸며 주시는 것이었다. 풀과 나무, 열매의 경우에도 하나님은 다양한 실용적인 용도만이 아니라 그 모양을 보는 즐거움과 냄새를 맡는 즐거움을 고려하셨다. 그

렇지 않다면 시인이 사람의 마음을 즐겁게 하는 포
도주와 사람의 얼굴을 빛나게 만드는 기름을 하나님
의 선물 가운데 하나로 꼽지 않았을 것이다.

> 그가 가축을 위한 풀과 사람을 위한 채소를 자라게
> 하시며 땅에서 먹을 것이 나게 하셔서 사람의
> 마음을 기쁘게 하는 포도주와 사람의 얼굴을
> 윤택하게 하는 기름과 사람의 마음을 힘 있게 하는
> 양식을 주셨도다.
>
> (시편 104편 14-15절)

또 그렇지 않다면 성경 곳곳에서 인간에게 그런
것을 주신 하나님의 후하심을 찬양할 리가 없다.

이 세상 것들의 자연적인 특성들을 봐도 그것들
을 즐겨도 된다는 사실을 알 수 있다. 생각해 보라.
꽃의 아름다움에 감동하는 것이 잘못이라면 하나님
이 꽃들을 우리 눈에 아름답게 보이도록 옷 입히셨
겠는가. 향기에 취하는 것이 잘못이라면 하나님이
우리의 콧속에 들어오는 향기를 그토록 달콤하게 만

드셨겠는가. 하나님이 특별히 더 보기 좋은 색들을 일부러 창조하시지 않았는가. 하나님이 금과 은, 상아, 대리석을 다른 금속이나 돌보다 더 매력적으로 지어 더 귀하게 하시지 않았는가. 이처럼 하나님은 우리에게 꼭 필요하지 않아도 감탄할 만한 것들을 많이 주셨다. ◢

━━

따라서 창조된 것들을 필요에 따라서만 사용해야 한다는 비인간적인 철학을 버리자. 하나님의 선하심을 즐길 기회를 빼앗아 인간을 아무 감각도 없는 나무토막으로 전락시키는 철학을 따를 필요가 없다. 하지만 동시에 무분별하게 날뛰는 육신의 정욕을 억누르는 노력도 게을리해서는 안 된다. 앞서 말했듯이, 자유라는 이름으로 아무것도 절제하지 않고 육신의 정욕을 따르는 자들이 있다는 점을 놓치지 말아야 한다.

무엇보다도 모든 것이 우리가 그 창조자를 알게

하기 위해 주어졌다는 사실을 인정하면 정욕을 다스릴 수 있다. 그리고 그럴 때 하나님의 선하심에 감사할 수 있다. 하지만 하나님이 명령하신 경건의 의무들을 온전히 감당할 수 없을 정도로 포도주에 취한다면 어떻게 감사할 수 있겠는가. 육신이 저속한 정욕으로 들끓는 바람에 옳거나 훌륭한 것을 분간하지 못할 정도로 정신이 부패해 버린다면 어떻게 하나님을 알 수 있겠는가. 좋고 비싼 옷을 입었다고 자만하고 남들을 깔본다면 어떻게 옷에 대해 하나님께 감사할 수 있겠는가. 세련된 스타일이 성적 부도덕의 문을 열어 준다면 어떻게 하나님께 그것을 감사할 수 있겠는가. 우리의 정신이 하나님이 주신 선물들의 화려함에만 마음을 빼앗긴다면 어떻게 하나님을 인정할 수 있겠는가.

모든 감각과 정신이 온통 쾌락에만 쏠린 사람이 너무도 많다. 대리석과 금, 그림의 아름다움에 너무 취해서는 대리석이나 금속으로 자신의 상(象)을 제작하거나 자신에 관한 그림을 그려 자랑하는 사람이 너무도 많다. 부엌에서 풍겨오는 냄새와 같은 달콤한 향기에 너무 취해서 영적 후각을 완전히 잃어버린 사람이 너무도 많다. 다른 감각에 대해서도 마찬가지다. 따라서 우리는 남용으로 흐를 수 있는 자유를 적잖이 억제해야 한다. 바울의 말처럼 정욕을 위해 육신의 일을 도모하지 말아야 한다.

> 오직 주 예수 그리스도로 옷 입고 정욕을 위하여
> 육신의 일을 도모하지 말라.
>
> (로마서 13장 14절)

육신의 정욕을 너무 풀어 주면 결국 걷잡을 수 없이 날뛰게 된다. ◢

═══

이생을 덜 생각하고 하늘의 영생을 늘 묵상하는 것보다 더 확실하고, 또 믿을 만한 길은 없다. 여기서, 이 세상을 이용하되 이 세상에 물들지 않기 위한 두 가지 원칙이 나온다.

첫째, 아내가 있는 사람들은 아내가 없는 것처럼 살고, 물건을 살 수 있는 사람들은 살 수 없는 것처럼 살아야 한다(고전 7:29, 30). 이는 바울의 가르침이다. 신자들은 풍요로울 때만큼이나 가난도 초연하게 견뎌 낼 수 있도록 절제하며 살아야 한다. 이 세상의 것들을 움켜쥐려는 사람들은 끊임없이 먹고 마시려는 욕구를 죽여야 한다. 비겁과 야망, 교만을 죽여야 한다. 자기 몫의 먹을 것과 집, 옷에 불평하는 마음을 죽여야 한다. 하늘에 관한 묵상과 영혼의 성장을 위한 열정을 방해하는 모든 근심과 사랑을 죽여야 한다.

그 옛날 카토(Cato)가 한 말이 참으로 옳다. "사치는 근심을 키우는 동시에 미덕에 대한 무관심을 키운다."* 이런 옛 격언도 있다. "몸에 관한 걱정에 사로잡힌 사람들은 대체로 영혼을 소홀히 한다." 따라서 외적인 것들에 대해 신자들에게 자유가 있다 해도 이 규칙만은 지켜야 한다. 즉 뭐든 지나치게 탐닉하지 말아야 한다. 불필요하게 쌓아 둔 부를 없애고 사치를 버려야 한다. 하나님이 도움이 되라고 주신 것

들이 장애물로 변하지 않도록 조심해야 한다. ◢

———

두 번째 원칙으로, 적게 가진 사람들은 마음의 평
정을 잃어 재물을 과도하게 추구하지 말고 변변찮은
상황을 인내로 견뎌 내는 법을 배워야 한다. 이 원칙
을 지키는 사람들은 우리 주님의 학교에서 큰 성장
을 이룬 사람들인 반면, 그렇지 못한 사람들은 그리
스도의 제자라 불릴 자격이 없다. 실제로 이 땅의 재
물에 대한 갈망에는 온갖 악이 따라온다. 게다가 가
난을 참아 내지 못하는 사람은 부유해지면 정반대
모습의 악을 행할 가능성이 매우 높다.

예를 들어, 저렴한 옷을 부끄러워하는 사람은 비
싼 옷을 자랑하기 쉽다. 소박한 식사에 만족하지 못
하고 더 대단한 것을 갈망해 안절부절하는 사람은
더 좋은 음식을 얻게 되었을 때 자제력을 잃고 음식
을 낭비하게 된다. 낮고 평범한 지위를 인내로 견뎌
내지 못하고 불평을 일삼는 사람은 명예를 얻게 되

었을 때 오만함을 억제하지 못한다. 따라서 경건을 진심으로 추구하는 사람들은 모두 사도들의 본을 따라 굶주릴 줄도 알고 배부를 줄도 알며, 많이 가질 줄도 알고 가난을 겪을 줄도 알아야 한다.

> 나는 비천에 처할 줄도 알고 풍부에 처할 줄도
> 알아 모든 일 곧 배부름과 배고픔과 풍부와
> 궁핍에도 처할 줄 아는 일체의 비결을 배웠노라.
>
> (빌립보서 4장 12절)

또한 성경은 이 땅의 것들을 사용하는 세 번째 원칙을 가르쳐 준다. 이는 앞서 사랑의 법에 관한 이야기를 할 때 소개한 원칙이다.** 성경은 우리가 소유한 모든 것, 우리의 유익을 위해 받은 모든 것은 하나님이 선의로 주신 것이라고 가르친다. 우리가 소유한 모든 것은 언젠가 셈을 해야 하는, 관리를 맡은 돈과도 같다.

그렇다면 우리는 이 말씀이 늘 귓가에서 울리는 것처럼 각자의 재물을 관리해야 한다. "네가 보던 일을 셈하라"(눅 16:2). 동시에 우리가 누구에게 셈을 할 지 기억해야 한다. 우리의 셈을 받으실 분은 자제, 맑은 정신, 검소, 겸손을 칭찬하시고 사치, 교만, 과시, 허영은 정죄하셨다. 그분은 사랑 없이 물질을 사용하는 것을 허락하시지 않았고, 마음과 생각을 더럽혀 온전하고 순결하지 못하게 만드는 모든 쾌락을 직접적으로 정죄하셨다. ◢

마지막으로, 삶의 모든 행동에서 각자 자신의 소명을 생각하라신 주님의 명령을 짚고 넘어가야 한다. 주님은 인간의 본성이 안정적이지 못해서 이랬다저랬다 얼마나 변덕스러울 수 있는지를 잘 아신다. 주님은 서로 상반된 목표들을 아무렇지도 않게 받아들이는 우리의 욕심과 야망을 잘 아신다. 그래서 우리가 어리석음과 성급함으로 큰 혼란에 빠지지 않도록 인생의 각 자리마다 특정한 의무들을 정해 주셨다. 그리고 누구도 자신의 경계들을 넘지 않도록 삶의 다양한 자리들을 소명으로 정해 주셨다.

각 사람의 역할은 우왕좌왕하느라 평생을 허비하지 않도록 하나님이 할당해 주신 삶의 자리라고 할 수 있다. 하나님이 구분해 주신 삶의 자리들은 매우 중요해서 우리의 모든 행동을 이 자리와 연결 지어 판단해야 한다. 이 판단은 인간의 이성이나 철학에 따른 판단과 전혀 다를 때가 많다. 철학자들은 폭군에게서 국민들을 해방시키는 것보다 더 고귀한 행위는 없다고 생각한다. 하지만 하늘의 심판관은 보통시민이 폭군을 직접 처치하는 행위를 분명히 정죄하셨다.

하지만 여기서 수많은 예를 드느라 시간을 낭비하고 싶지는 않다. 하나님이 주신 소명이라는 개념이 모든 일마다 올바른 행동을 하기 위한 기초라는 점을 짚고 넘어가는 것만으로 충분하다. 소명의 관점에서 행동을 정하지 않는 사람들은 자신에게 맡겨진 의무들을 끝까지 제대로 해낼 수 없다. 가끔 겉으로 훌륭해 보이는 행동을 해서 사람들에게 칭찬을 받을지는 몰라도 하나님의 보좌 앞에서는 거부당할 것이다. 또한 그들의 행동은 삶의 다양한 영역에서 일관성 있게 나타나지도 않을 것이다.

결과적으로, 하나님이 주신 소명을 완수하겠다는 목표를 향해 매진하는 사람은 삶이 잘 정돈될 수밖에 없다. 성급한 충동이 없기 때문에 소명의 틀에서 벗어난 것에 함부로 도전하지 않는다. 그는 자신의 경계들을 넘지 말아야 한다는 점을 이해한다. 무명인으로 살아도 불평하지 않고 하나님이 주신 자리에서 최선을 다한다. 고난과 골칫거리 같은 일이 일어나도 하나님이 처음부터 끝까지 인도하신다는 사실을 기억하며 큰 위로를 얻는다.

치안판사는 더 기꺼이 자신의 의무를 수행할 것이다. 아버지는 자신의 책임에 더 기꺼이 헌신할 것이다. 자신이 있는 인생의 자리에 상관없이 모든 사람이 자신의 짐이 하나님이 지우신 것임을 분명히 알고서 고난과 불편, 실망스러운 일, 걱정스러운 일을 너끈히 견디고 이겨 낼 것이다. 이 모든 상황에서 큰 위로를 경험할 것이다.

소명에 순종하여 행하는 모든 일은 아무리 평범

하고 하찮다 해도 빛이 나기 때문이다. 그 일들은 우
리 주님의 눈에 그 무엇보다도 귀하다.

---

*   로마 역사에 관한 암미아누스 마르셀리누스(Ammianus Marcellinus)
     의 책 *Res Gestae*에서 이 인용문을 소개했다. 카토가 한 말로 추
     정하고 있다.

**   이는 《기독교 강요》 3.7.5의 논의를 가리킨다.

에어런 클레이 덴링거 Aaron Clay Denlingger

미국 콜로라도주 하이랜즈랜치에 있는 아마데이아카데미(Arma Dei
Academy)의 라틴어학과 학장이자 필라델피아 웨스트민스터신학교
(Westminster Theological Seminary) 교회사 교수다. 남아프리카공화국
프리스테이트대학(University of the Free State) 청교도연구프로그램
(Puritan Studies Program)의 연구원이기도 하다. 스코틀랜드 애버딘대
학교(University of Aberdeen)에서 교회사를 강의하기도 했다. 〈리포메
이션 21〉(Reformation 21)에 정기적으로 글을 기고하며, 근대 초기 신
학에 관한 수많은 책과 논문을 쓰고 편집했다.

버크 파슨스 Burk Parsons

미국 플로리다주 샌포드에 있는 세인트앤드류교회(Saint Andrew's
Chapel) 공동 목사이자 〈테이블토크〉(Tabletalk) 편집자이며 리고니어
미니스트리(Ligonier Ministries) 출판 부문 부사장이다. 플로리다주 올
랜도에 있는 리폼드신학교(Reformed Theological Seminary)에서 교회
개척센터(Church Planting Fellowship) 소장으로도 섬긴다. 저서로 Why
Do We Have Creeds?(신경은 왜 생겼는가?)가 있고, 《교리, 예배, 삶의 균
형을 추구한 사람, 칼빈》(부흥과개혁사)을 엮었다.

이 책에 담긴 '그리스도인의 삶'에 관한 가르침은 장 칼뱅의 가장 유명한 신학서인 《기독교 강요》 (Institutes of the Christian Religion)에서 발췌한 것이다. 칼뱅은 《기독교 강요》를 여러 번 증보했는데 그때마다 상당히 많은 내용을 추가했다.

《기독교 강요》 초판은 칼뱅이 프랑스를 떠나 안전한 스위스 바젤로 도피한 지 약 일 년 뒤인 1536년에 발표되었다. 초판을 내놓을 당시 칼뱅은 겨우 몇 년간 독학으로 신학을 공부한 스물일곱 살 청년이었다. 사실상 이 라틴어 초판은 이후 20여 년을 지나면서 개정되고 추가된 최종판의 개요에 불과했다. 초판은 기독교 신앙의 기본을 여섯 개 장(章)에 걸쳐 다루었는데, 1559년에 나온 라틴어 최종판에서는 무려 여든 개 장으로 늘어났으며 또한 이를 네 개의 책으로 나누었다.

《기독교 강요》 초판은 부제에 "경건에 관한 완벽한 요약"과 "교리에서 알아야 할 모든 것"을 담았다고 밝히며 자신감을 내비쳤다. 하지만 이내 젊은 칼뱅은 자신이 너무 자신만만했다는 사실을 깨달았다.

1539년 그는 많은 양의 내용을 추가해 증보판을 발표하면서 부제에 "이제 마침내" "제목에 진정으로 걸맞은" 책이 탄생했다고 표현했다. 이 증보판과 관련해 주목할 점은 바로 "그리스도인의 삶에 관하여"(De vita hominis Christiani)라는 제목의 장이 추가된 것이다. 이 장은 칼뱅이 이후 라틴어와 프랑스어로 발표한 후속 판들에서 말할 '그리스도인의 삶'에 관한 내용들을 거의 빠짐없이 담고 있었다.

1539년판 출간 직후 사람들은 《기독교 강요》 전체 책과 별개로 이 "그리스도인의 삶에 관하여"라는 장이 그 자체로 매우 큰 가치가 있다는 사실을 간파했다. 칼뱅이 《기독교 강요》의 프랑스어 번역판을 완성하기 일 년 전인 1540년에 파리의 위그노 교도이자 훗날의 순교자였던 피에르 드 라 플라스(Pierre de la Place)는 이 장만 별도로 프랑스어로 번역했다. 드 라 플라스의 번역본은 비록 정식 출간되지는 못했지만 몇 년 뒤에 파리대학교(University of Paris) 금서 목록에까지 오를 정도로 널리 유포되었다.

1549년, 잘 알려지지 않은 영국의 종교개혁자 토

머스 브로크(Thomas Broke)가 이 "그리스도인의 삶에 관하여" 장을 영어로 번역해 *Of the Life or Conversation of a Christian Man*(그리스도인의 삶 또는 생활양식에 관하여)이라는 제목으로 출간했다. 이것이 《기독교 강요》의 영어판이 출간되기 십 년도 더 전의 일이라는 사실이 꽤 흥미롭다.*

《기독교 강요》라틴어4판이 나온 해인 1550년, 칼뱅은 전체에서 "그리스도인의 삶에 관하여"만을 분리한 책의 라틴어판을 인정했다. '그리스도인의 삶에 관한 탁월한 작은 책'으로 번역되는 이 라틴어판의 제목 *De vita hominis Christiani, insigne opusculum*은 아마도 출판사에서 정했을 것이다. 이 제목은 나중에 "그리스도인의 삶에 관하여" 장의 네덜란드어판과 영어판이 제목을 *Golden Booklet*(황금 소책자)이라고 정하는 데 영향을 미쳤을 가능성이 상당히 높다.

1550년, *De vita hominis Christiani, insigne opusculum*(그리스도인의 삶에 관한 탁월한 작은 책)은 칼뱅이 1541년부터 1564년 숨을 거둘 때까지 고향으로 불렀던 제네바에서 출간되었다. 제네바는 "그리스도인의 삶에 관하여" 장이 1550년과 1552년 프랑스(*Traicte tresexcellent de la vie Chrestienne*)에서, 1561년 이탈리아(*Breve et utile trattato de la vita de l'huomo christiano*)에서 출간되기 위한 전초기지 역할을 했다. 특히 이탈리아에서는 영국에서처럼 《기독교 강요》의 이탈리아어판이 출간되기 전에 "그리스도인의 삶에 관하여" 장이 먼저 별도의 소책자로 출간되었다.

이후에는 언어에 상관없이 "그리스도인의 삶에 관하여" 장의 역본들은 모두 《기독교 강요》 전체 역본(많은 역본이 나타났다)에 포함되었다. 1594년 이 장을 다시 따로 떼어 출간한 영어판만 예외다.

그러다 19세기에 "그리스도인의 삶에 관하여" 장의 별도 출간에 다시 큰 관심이 쏠렸다. 1857년 페트루스 게오르그 바르텔스(Petrus Georg Bartels)라는 네덜란드인이 *Büchlein vom Leben eines Christenmenschen*(그리스도인의 삶에 관한 소책자)이라는 제목으로 "그리스도인의 삶에 관하여" 장의 독일어판을 출간했다. 또한 이 독일어판은 네덜란드어로 번역되어 1858년과 1859년에 *Johannes Calvijn's gulden boekske, over den regt christelijken wandel*(올바른 그리스도인의 삶에 관한 존 칼뱅의 황금 소책자)이라는 제목으로 출간되었다.

20세기에도 네덜란드에서는 계속해서 '황금 소책자'의 여러 판이 출간되었다(1906, 1938, 1950, 1983년). 20세기 네덜란드 개혁교회들에서 "그리스도인의 삶에 관하여" 장이 큰 인기를 얻고 별도의 책으로 출간된 상황으로 볼 때, 1952년 이 장의 영어판을 출간한 사람이 네덜란드인인 것은 전혀 이상한 일이 아니다. 그 책은 *Golden Booklet of the True Christian Life*(참된 그리스도인의 삶에 관한 황금 소책자)라는 제목으로 출간되었다. 이 네덜란드인 헨리 반 안델(Henry Van Andel)은 1909년 미국으로 이민했고, 1915년부터 1950년까지 칼빈대학(Calvin College)에서 독일의 언어와 문학, 문화를 가르쳤다.

그런데 반 안델의 역본은 단순히 네덜란드어판을 비슷한 제목하에 영어로 옮긴 것이 아니었다. 그의 역본은 《기독교 강요》의 라틴어(1559년)와 프랑스어(1560년) 결정판에서 "그리스도인의 삶에 관하여" 장을 새롭게 번역한 것이었다. 그의 역본은 여러 번 중

보되었고, 흥미롭게도 이후 다시 여러 언어로 번역되었다.

최근에도 "그리스도인의 삶에 관하여" 장의 번역이 이루어졌다. 2002년, 프린스턴신학교(Princeton Theological Seminary)에서 종교개혁과 예배의 역사를 가르친 엘시 앤 맥키(Elsie Anne McKee) 교수는 경건에 관한 칼뱅의 글 모음집에 "그리스도인의 삶에 관하여" 장의 발췌문을 상당 부분 포함시켰다. 2009년에는 배너오브트루스트러스트(Banner of Truth Trust) 출판사에서 새로운 역본을 내놓았다. 이 역본은 《기독교 강요》 프랑스어 최종판을 바탕으로 했고, 로버트 화이트(Robert White)가 A Guide to Christian Living(그리스도인의 삶의 가이드)이라는 제목으로 완성했다.

하지만 반 안델의 역본은 지금도 여전히 그리스도인의 삶에 관한 장을 번역한 별도의 책 가운데 가장 표준에 가까운 작품으로 인정받는다. 심지어 이 역본은 칼뱅이 직접 쓴 라틴어나 프랑스어 저작에 비견되기도 한다. 그런가 하면 더 많이 알려진 《기독교 강요》 전체 영어판들의 해당 장에 비견되기도 한다.

그런데 반 안델은 서문에서 원문에 "최대한 가깝게" 번역했다고 밝힌 것과 달리 형태와 내용 모두에서 꽤 자유로운 번역을 했다. 형태 면에서는 원문의 문단들을 여러 부분으로 나누었다. 그러다 보니 문법적으로 어색한 문단들이 나타났다. 원문 주장의 흐름이 모호해지는 것이 더 큰 문제였다.

내용 면에서 반 안델의 역본은 정확한 번역보다는 심한 의역에 가까워 보일 때가 너무 많았다. 반 안델은 원문의 "의미"를 보존하되 그 의미를 "상상의 언어"로 풀어내려고 노력했다고 주장했다. 하지만 이해와 화려함을 추구하다 보니 번역 과정에서 원문에 충실하지 못했던 것으로 보인다. 반 안델의 의도 자체는 칭찬할 만하지만 T. H. L. 파커(Parker)의 말에 동의하지 않을 수 없다. 파커는 반 안델의 역본을 두고 "그리스도인의 삶에 관한 칼뱅의 글을 알고 이해하기" 원한다면 "이 판으로 공부하지 않는 편이 바람직하다"라고 말했다.**

결과적으로 우리는 그리스도인의 삶에 관한 칼뱅의 글을 새로 번역할 필요가 있다고 판단했다. 원칙적으로 《기독교 강요》 라틴어 최종판을 바탕으로 번역했다. 우리의 목표는 칼뱅도 흡족할 만한 역본을 내놓는 것이었다. 다시 말해, 의미만이 아니라 원문 자체에도 충실한 결과물을 추구했다.

아울러 영어권 독자들이 의미를 최대한 명료하게 이해할 수 있기를 원했다. 그러려면 긴 문장을 짧게 나누고 문단을 자주 나누어야 했다. 명료함을 극대화하기 위해 일부 대명사들은 명사로 전환했다. 때로는 해당 라틴어의 영어 파생어나 동족어 대신 영어권 사용자들에게 익숙한 단어와 어구를 선택하기도 했다.

이 작업을 위해 그리스도인의 삶에 관한 칼뱅의 글을 자세히 읽고 분석하는 일은 예상보다 훨씬 보람이 컸다. 번역을 하다가 그리스도인의 삶에 관한 칼뱅의 요지들을 놓고 시간 가는 줄 모르고 밤샘 토론을 벌이기도 했다. 그렇게 토론을 하다 보면 칼뱅이 오래전에 죽어서 땅에 묻힌 저자가 아니라 살아서 우리와 함께 대화를 나누는 것처럼 느껴지곤 했다. 독자들도 우리처럼 칼뱅과 대화하면서 그에게 직접 위로와 권고를 받는 경험을 했으면 좋겠다.

마지막으로, 탁월한 편집 능력으로 이 책 출간에 큰 도움을 준 토머스 브루어(Thomas Brewer)에게 고맙다. 그의 도움이 없었다면 이 책은 이토록 훌륭한 모습을 갖추지 못했을 것이다.

— 에어런 클레이 덴링거,
버크 파슨스

---

*   칼뱅의 "그리스도인의 삶에 관하여" 장의 출판 역사를 더 자세히 알고 싶다면 데이비드 클라이드 존스(David Clyde Jones)의 "The Curious History of John Calvin's Golden Booklet of the Christian Life," *Presbyterion* 35/2(2009); 82-86을 보라. 피에르 드 라 플라스의 순교는 존 폭스(John Foxe)의 *Book of Martyrs* (London: Knight and Son, 1854), 204-206에 소개되어 있다. 존 폭스, 《순교자열전》(포이에마 역간).

** T. H. L. Parker, "Review of John Calvin, *Golden Booklet of the True Christian Life*, trans. by H.J. Van Andel," *Evangelical Quarterly* 24 (1952): 185-186.